L'AVARE

EN GANTS JAUNES

COMÉDIE-VAUDEVILLE EN TROIS ACTES

PAR

MM. ANICET-BOURGEOIS et E. LABICHE

Représentée pour la première fois, à Paris, sur le théâtre du PALAIS-ROYAL,
le 1er mai 1858.

PARIS

MICHEL LÉVY FRÈRES, LIBRAIRES-ÉDITEURS

RUE VIVIENNE, 2 BIS

—

1858

Distribution de la pièce.

ARTHUR POTFLEURY.................... MM. Delannoy.

OCTAVE, son fils....................... Ravel.

CHAMPEIN, officier d'artillerie.......... Darmy.

DUTILLET, homme d'affaires............ Leriche.

CADET, domestique d'Octave........... Lasouche.

FRUCTUEUX, propriétaire.............. Amant.

GREFFÉ, rentier...................... Kalekaire.

MADAME VEUVE DE BOISROSÉ...... Mmes A. Legros.

MIRANDA, sa fille.................... Élisa Fournier.

ROSINE, fille de Fructueux........... Lilia.

ROSA, fleuriste...................... Antonia.

PAPHOS, garçon de restaurant......... MM. Michel.

UN JOUEUR.......................... Félicien.

UN AUTRE GARÇON................. Lacroix.

UN AUTRE GARÇON................. Bachelard.

La scène se passe, au premier acte, au restaurant de la Maison-d'Or, en 1857, au deuxième acte, chez madame de Boisrosé, au troisième acte, chez Octave.

L'AVARE EN GANTS JAUNES

ACTE PREMIER.

Un salon d'attente du restaurant de la Maison-d'Or.

A droite, l'entrée du restaurant ; à gauche et au fond, entrée des cabinets particuliers ; un buffet garni de comestibles, au premier plan à droite ; au premier plan à gauche, deux petites tables à deux couverts.

SCÈNE PREMIÈRE.

PAPHOS, UN GARÇON, puis CADET *.

PAPHOS.

Trois heures !.. Le bal de l'Opéra va finir.

LE GARÇON, assis, lisant un journal.

Et les soupers vont commencer. A-t-on retenu beaucoup de cabinets ?

PAPHOS.

Je crois bien !.. un mardi gras !.. Il ne m'en reste plus qu'un !.. As-tu allumé le salon de M. Arthur ?

LE GARÇON.

Oui... Il y a même un arlequin et trois pierrettes qui sont dedans...

PAPHOS.

Qu'est-ce qu'ils font ?

LE GARÇON.

Ils grignotent des crevettes en l'attendant... Ah çà ! qu'est-ce que c'est donc que ce M. Arthur ?

PAPHOS.

Lui?.. c'est la crème des farceurs !.. Figure-toi un jeune homme de trente-cinq à soixante ans...

LE GARÇON.

Un vieux !

PAPHOS.

Oui... un vieux qui est plus gai que les jeunes !.. Et comme il sait boire !.. Si je te disais que je l'ai vu, moi, siffler une bouteille de champagne avant qu'on ait pu compter jusqu'à neuf... Une! deux! trois!.. hup! c'était fait.

LE GARÇON.

Crédié !

* P. le G.

PAPHOS.

Et je lui ai entendu chanter sa fameuse romance de *la Foire de Beaucaire*... cent vingt-deux couplets! au dernier, on casse tout! même que les marchands de porcelaine lui ont offert un dîner pour le remercier!

LE GARÇON.

Il est riche?

PAPHOS.

Je ne sais pas s'il est riche... mais un jour il a donné vingt francs à Joseph pour une allumette... qui n'a pas pris!

LE GARÇON, se levant vivement.

Mâtin!.. je lui en offrirai!.. Ça me fait penser qu'on vient d'apporter une lettre pour lui...

PAPHOS.

Une lettre de femme, sans doute; donne, je la lui remettrai...

LE GARÇON.

Il a une femme?

PAPHOS.

Lui?.. il en a mille... et une!

LE GARÇON.

Sapristi!.. voilà un homme!

CADET, entrant; il est en costume de groom très-étriqué *.

Le restaurant, c'est-y ici?

PAPHOS.

Oui... qu'est-ce que vous demandez?..

CADET.

Mon maître m'a dit de venir lui retenir une chambre pour deux...

PAPHOS.

Une chambre?.. Un cabinet!

LE GARÇON, à Cadet.

Ah çà!.. vous arrivez donc du Congo?

CADET.

Non... j'arrive pas d'où vous dites **... Je suis Champenois, natif de Soudron, près Châlons. (Faisant claquer sa langue.) C'est là qu'y a de beaux bestiaux!

PAPHOS.

Ça se voit tout de suite... Eh bien! après?..

CADET.

Vous avez-t-y une chambre, oui ou non?

PAPHOS.

Le 17 est libre... mais il faut que votre maître se dépêche... Comment s'appelle-t-il?

CADET.

Il s'appelle M. Octave Potfleury...

* P. le G. C.
** P. C. le G.

PAPHOS, à part.

Aïe !.. mauvaise affaire!

CADET.

Vous le connaissez bien... il m'a dit qu'il déjeunait ici tous les jours...

PAPHOS.

Oui... il se met là, bien en vue... et il consomme quoi..? un œuf à la coque et une tasse de thé... sans beurre!.. puis il demande trois cure-dents... Je crois qu'il les revend... Et il donne dix centimes au garçon!

LE GARÇON.

Pouah!

CADET.

Dix centimes? tous les jours?.. Après ça, il a les moyens!.. Je vas aller le chercher, avec sa petite dame... Entre nous, je crois que c'est sa bonne amie... Faut pas dire!..

PAPHOS, à part.

Eh bien! elle a de la chance, celle-là. (Haut.) Allez! allez! (On entend des cris au dehors.)

PAPHOS.

C'est M. Arthur et sa bande.

CADET.

Ah! le beau polichinelle! (Il disparaît.)

SCÈNE II.

PAPHOS, LE GARÇON, ARTHUR POTFLEURY, MASQUES.

POTFLEURY, en costume de polichinelle, entre porté en triomphe par une troupe de masques.

CHOEUR.

Air :

Ah! que la vie est belle !
Quand le gaz étincelle,
Et que le champ... ruisselle
Dans la coupe à flots d'or!

POTFLEURY.

Aimons, buvons sans trêve!
Si le souper s'achève,
Sous la table l'on rêve
Qu'on boit, qu'on aime encor!

ENSEMBLE.

Sous la table, etc.

POTFLEURY.

Jeunes élèves, je pourrais vous faire un discours... mais vous me cahotez trop! vos épaules chiffonnent ma bosse... Polichinelle aspire à descendre!

* Pa. Po.

LES MASQUES.

Une! deux... trois! (L'on met Potfleury sur ses pieds.)

POTFLEURY.

Arrive ici, Paphos! (Aux masques.) Il s'appelle Duhamel... mais comme il est préposé au service des cabinets particuliers, je l'ai surnommé Paphos!

TOUS.

Bravo! bravo!

POTFLEURY.

La vie est courte, Paphos... ne réponds qu'un mot à toutes mes questions... Le salon n° 9?

PAPHOS.

Gardé!

POTFLEURY.

Le couvert?

PAPHOS.

Mis!

POTFLEURY.

Les huîtres?

PAPHOS.

Ouvertes!

POTFLEURY.

Le potage?

PAPHOS.

Chaud!

POTFLEURY.

Le champagne?

PAPHOS.

Frappé!

POTFLEURY.

Très-bien! Je te couvre de mon estime! (Il lui jette de la farine au nez.)

PAPHOS, s'essuyant.

Satané farceur!

POTFLEURY, aux masques.

Jeunes élèves!.. avant d'entrer, que chacun dépose sa sobriété dans ce salon... Le dernier fermera la porte!.. Au dessert, les messieurs seront priés de raconter d'une voix tendre l'histoire de leurs premières amours... *Nota benè!*.. Les dames pourront faire semblant de lire *la Patrie*, journal du soir!... En route! et formons la guirlande de Bacchus! (Tous les masques forment une ligne de droite à gauche, en se prenant par-dessus l'épaule, et entrent au n° 9 en dansant de côté.)

REPRISE DU CHŒUR.

Ah! que la nuit est belle! etc.

SCÈNE III.

PAPHOS, LE GARÇON, POTFLEURY, puis DUTILLET.

PAPHOS, arrêtant par la jambe Potfleury qui est le dernier de la chaîne, et qui va entrer avec les autres *.

Ah! monsieur Arthur!.. une lettre pour vous. (Il entre au n° 9.)

POTFLEURY, revenant.

Une lettre! est-ce que j'ai le temps!.. (L'ouvrant.) Tiens... c'est de cet imbécile de Collinet. Allons, bon! il viendra souper!.. Il avait d'abord dit non, et voilà qu'il dit oui!.. Il n'est pas drôle, Collinet; mais je l'invite à cause de sa femme... une petite brune... qui aime beaucoup à le savoir dehors!.. Il faut avoir des égards pour les dames!.. Nous étions douze, nous voilà treize!.. c'est un mauvais compte, je n'aime pas ça!.. (Appelant.) Garçon!.. garçon!..

LE GARÇON, vivement.

Une allumette, Monsieur **?..

POTFLEURY.

Quoi?.. une allumette!.. Tu mettras quatorze couverts!..

LE GARÇON.

Tout de suite. (Il entre au n° 9.)

POTFLEURY.

Je trouverai bien un quatorzième. (Dutillet entre par le fond, costumé en pierrot; il porte des lunettes ***.) Un pierrot! voilà mon affaire! (Haut.) Avance ici... pierrot!

DUTILLET, sérieusement.

Plaît-il, Monsieur?..

POTFLEURY.

Tiens!.. c'est Dutillet!.. mon homme d'affaires!

DUTILLET.

Monsieur Potfleury en polichinelle!

POTFLEURY.

Enchanté de vous rencontrer, j'ai besoin d'argent... il me faut six mille francs pour la fin du mois... Pouvez-vous me les faire?..

DUTILLET.

Six mille francs!.. c'est selon... Offrez-vous des garanties solides, palpables et sérieuses?..

POTFLEURY.

J'offre ma maison... Je ne l'ai pas sur moi, mais...

DUTILLET.

Mais nous avons déjà pris hypothèque sur icelle pour quatrevingt mille francs...

* Po. Pa.
** P. le G.
*** P. D.

POTFLEURY.

Mais elle vaut plus que ça... icelle! Elle a trois étages...
icelle!..

DUTILLET.

Vous n'avez jamais été tuteur, curateur, ou exercé des fonc-
tions publiques, engageant votre responsabilité pécuniaire?

POTFLEURY, à part.

Quelle drôle de conversation, entre un pierrot et un polichinelle! (Haut.) Jamais, pierrot, jamais!..

DUTILLET.

Très-bien! J'en parlerai demain à mon client...

POTFLEURY.

Ah! oui! mon usurier! M. Grinchard...

DUTILLET.

M. Grinchard n'est pas un usurier... il fait valoir ses fonds...

POTFLEURY.

A quinze pour cent!.. Je voudrais bien le voir, ce coco-là!
Priez-le donc un jour de venir manger une côtelette avec moi?

DUTILLET.

Il désire ne pas se faire connaître.

POTFLEURY.

Oh! je n'y tiens pas autrement!

DUTILLET.

Monsieur Potfleury, voulez-vous me permettre de vous donner un conseil?..

POTFLEURY.

Parlez... pierrot!.. parlez!

DUTILLET.

Vous allez trop vite!.. Resterez-vous donc toujours plongé
dans l'ornière de la dissipation?

POTFLEURY.

Mais oui!

DUTILLET.

Songez que vous avez un fils, un héritier...

POTFLEURY.

Oh! celui-là ne m'inquiète pas!.. Octave a vingt-sept ans,
cent mille francs du bien de sa mère... on dit qu'il les a triplés... Voilà un gaillard qui mène une folle jeunesse!.. Il est
de l'école réaliste, celui-là!.. Croiriez-vous, Monsieur, (Se reprenant.) non! pierrot!.. croiriez-vous qu'il écrit sa dépense!..
un omnibus, six sous!.. et que son domestique lui met le pot
au feu deux fois par semaine!..

DUTILLET.

Eh bien?..

POTFLEURY.

Eh bien! ça me rend triste! parlons d'autre chose? Voulez-
vous être gentil, Dutillet?

DUTILLET.

Quoi?

POTFLEURY.

Soupez avec nous?.. Vous ne mangez pas, vous buvez mal, vous n'êtes pas frétillant; mais il me faut un quatorzième!

DUTILLET.

Plaît-il ?

POTFLEURY.

Otez vos lunettes, soyez gracieux et emboîtez-moi !

DUTILLET.

Impossible, j'ai à parler à un de mes clients.

POTFLEURY.

Vrai ?.. Eh bien ! franchement je ne vous regrette pas !

DUTILLET.

Adieu !

POTFLEURY, l'accompagnant.

Pensez à mes six mille francs!.. et ne soyez pas si gai que ça... on vous mettrait au violon.

ENSEMBLE.

Air : *La Bourse me réclame !*

Allez à votre affaire !
J'étais un bien grand sot !
Et n'aurais su que faire
D'un si triste pierrot.

DUTILLET.

Après-demain j'espère
Avoir ce qu'il vous faut...
Je pars... c'est pour affaire,
Que je suis en pierrot.

SCÈNE IV.

POTFLEURY, puis LE GARÇON, puis CHAMPEIN.

POTFLEURY, seul.

Avec tout ça nous voilà encore treize ! (Appelant.) Garçon ! (Le garçon sort du n° 9 *.)

LE GARÇON.

Une allumette, Monsieur? Voilà ! voilà !

POTFLEURY.

Mais non !.. est-il embêtant avec ses allumettes!.. Écoute-moi bien, tu vas aller te planter devant la porte de l'Opéra...

CHAMPEIN, entrant **.

Garçon ! une douzaine d'ostende, une bouteille de chablis vieux et la carte!.. (Il s'assied à gauche.)

* Le G. P.
** C. le G. P.

POTFLEURY, bas au garçon.

Ne bouge pas! (Regardant Champein.) Un jeune homme qui paraît savoir manger... et qui est seul!.. voilà mon homme!..

CHAMPEIN, au garçon.

Vous n'avez pas entendu?

LE GARÇON.

Voilà! Monsieur!..

POTFLEURY, bas, au garçon.

Va-t'en!.. et sur ta tête ne lui apporte pas un radis! (Le garçon sort. — Saluant Champein.) Monsieur*...

CHAMPEIN, étonné et saluant.

Monsieur,.. (Riant.) Parbleu, voilà un bon polichinelle,

POTFLEURY.

Vous riez?.. alors ça va marcher.

CHAMPEIN.

Quoi?.. qui est-ce qui va marcher?

POTFLEURY.

Monsieur, mettez-vous votre bonheur suprême à souper seul?.. hein!.. hein!..

CHAMPEIN.

Ma foi non!.. mais comme il y a deux ans que j'ai quitté Paris...

POTFLEURY.

Pour cause de créanciers peut-être?..

CHAMPEIN, riant.

Un peu.

POTFLEURY.

Touchez là... moi je n'en ai qu'un, mais il en vaut mille : figurez-vous un étang plein de sangsues... voilà Grinchard.

CHAMPEIN.

Grinchard! c'était mon prêteur!

POTFLEURY.

A quinze pour cent, c'est son taux?

CHAMPEIN.

Juste!

POTFLEURY.

Nous avions le même... Touchez là; et c'est à cause de lui que vous avez quitté Paris?

CHAMPEIN.

Oui... Et puis...

POTFLEURY.

Par désespoir d'amour, n'est-ce pas?

CHAMPEIN.

Précisément!

POTFLEURY.

J'ai eu les miens!.. Touchez là!

* C. P.

CHAMPEIN, à part.

Il est original ce Monsieur !

POTFLEURY.

Arrivons au fait... je serai bref... les huîtres sont ouvertes !
Jeune homme, vous allez souper seul!... c'est triste... De notre
côté nous sommes treize, c'est extrêmement dangereux...

CHAMPEIN.

Eh bien ?

POTFLEURY.

Ajoutez votre unité à notre nombre... nous serons quatorze ;
chiffre folichon... Donc, je vous propose de souper avec nous !

CHAMPEIN, riant.

Ah! par exemple! si je m'attendais...

POTFLEURY.

Mangez-vous bien ?

CHAMPEIN.

Oui.

POTFLEURY.

Buvez-vous sec ?

CHAMPEIN.

Oui !

POTFLEURY.

Avez-vous l'oreille à l'épreuve... du canon ?

CHAMPEIN.

Je suis officier d'artillerie.

POTFLEURY.

Allons-y !

CHAMPEIN.

Comment? sans nous connaître?..

POTFLEURY.

A quoi bon... en carnaval!.. Moi, d'abord, je vous préviens
d'une chose... si je ne vous trouve pas drôle... car enfin, vous
pouvez être ennuyeux... demain, je ne vous connais plus!.. je
ne vous salue pas!.. Bonsoir!...

CHAMPEIN.

Au fait!.. ça n'engage à rien...

POTFLEURY.

A table *.

CHAMPEIN.

A table!.. Ah diable! c'est que j'ai commandé mon souper!..

POTFLEURY.

Ça ne fait rien.

CHAMPEIN,

Comment?

POTFLEURY.

Je l'ai décommandé.

* P. C.

CHAMPEIN, à part.

Quel drôle de polichinelle ! (Bruit au n° 9.)

PAPHOS, sortant du n° 9*.)

Monsieur, on s'impatiente par là !..

POTFLEURY.

On y va !.. (A Champein.) Un dernier mot... Je dois vous prévenir que je ne suis point un intrigant... je m'appelle Arthur !..

CHAMPEIN.

Et moi, Jules.

POTFLEURY.

Nous nous connaissons suffisamment !.. en route !

CHAMPEIN,

En route !

ENSEMBLE.

Air : *Qu'un repas s'apprête!*

POTFLEURY.

De Polichinelle,
Suivez le destin !
Que l'aube nouvelle
Nous trouve au festin !

CHAMPEIN.

De Polichinelle,
Je suis le destin,
Que l'aube nouvelle
Nous trouve au festin !

SCÈNE V.

PAPHOS, puis OCTAVE, et ROSA.

PAPHOS.

Vont-ils faire la noce là-dedans ! (Octave paraît donnant le bras à Rosa. Il est en habit noir, cravate blanche, gants paille ; il porte un faux nez en carton, ses cheveux sont très-blonds et ses favoris rouges taillés à l'anglaise. Rosa est en débardeuse à moitié cachée par un domino**.)

OCTAVE, à la cantonade.

Fichu imbécile ! animal ! butor !

PAPHOS.

Quoi !

ROSA.

Qu'avez-vous donc?

OCTAVE.

C'est ce pataud de garçon qui vient de me renverser un bateau plein d'huile sur mon habit.

* Pa. Po. C.
** P. O. R.

ROSA.

Ah !

OCTAVE.

C'est fait pour moi !.. un jour où j'étais disposé à m'amuser... à faire de la dépense ! car je voulais faire de la dépense !

ROSA.

Voyons ! c'est un petit malheur !

OCTAVE, à Paphos.

Quand vous serez là à me regarder !.. Voyons! une serviette... de l'eau !.. essuyez-moi !

PAPHOS.

Voilà, Monsieur ! (Il prend de l'eau et une serviette et essuie la manche d'Octave.) Quand c'est frais... ça s'en va très-bien !

OCTAVE, à Paphos.

Doucement... ne frottez donc pas si fort !.. au lieu d'une tache, vous allez me faire un trou !.. Dieu ! que j'ai chaud ! Rosa, ôtez-moi mon nez ? (Rosa le lui ôte et le pose sur la table.)

PAPHOS.

Tiens ! c'est monsieur Octave ! (A part.) L'œuf à la coque !

OCTAVE.

Oui, Paphos, c'est moi... mon domestique a dû venir retenir un cabinet ?..

PAPHOS, indiquant la droite.

Le 17... il vous attend *.

OCTAVE.

Aujourd'hui, je suis disposé à faire de la dépense... nous allons mettre les petits plats dans les grands; n'est-ce pas, Rosa?

ROSA.

Ce n'est pas moi qui vous retiendrai ** !

OCTAVE.

Ah ! elle est gourmande ! elle est chatte ! (A Paphos.) Tu nous feras des œufs à la neige ! tant pis ! c'est le mardi gras !

ROSA.

Oh! des œufs à la neige, c'est un plat très-commun !

OCTAVE.

Avec beaucoup de sucre !..

PAPHOS.

Ça ne se sert plus que dans les noces de campagne.

OCTAVE.

Ah! Eh bien ! alors, donne-nous ce que tu as de mieux...
(Paphos lui présentant un crayon et la carte.)

PAPHOS.

Si Monsieur veut écrire sa carte***...

* O. P. R.
** O. R. P.
*** O. P. R.

ROSA.

Non! moi! moi! (Elle va s'asseoir à droite.)

OCTAVE, vivement.

Permettez, permettez!... j'ai l'habitude*! (A part.) c'est que ces gaillardes-là vous en ont bien vite fourré pour 15 francs!

PAPHOS.

Pour commencer, je puis vous offrir un beau melon...

ROSA.

Oh! oui! j'adore le melon au mois de février!

OCTAVE, à part, consultant la carte.

Melon... quatre francs la tranche!

PAPHOS, qui a été prendre le melon sur le buffet.

Le voilà! flairez-moi ça**!

OCTAVE, prenant le melon, à part.

Neuf tranches, 36 francs! merci!

PAPHOS.

Eh bien?

OCTAVE, flairant.

Oh! oh!

ROSA.

Voyons? (Elle le flaire.) Oh! il embaume!

OCTAVE, le prend et le flaire de nouveau.

Oh! oh! moi, je ne le crois pas assez avancé! (Il le rend au garçon.)

PAPHOS.

Pas assez avancé? vous voulez donc qu'il dise papa et maman? (Il remonte.)

OCTAVE.

Soignez-nous un radis... sans beurre!

ROSA, à part, désappointée.

Ah!

PAPHOS, ironiquement.

Est-ce tout ce que Monsieur prendra?

ROSA.

Par exemple!

OCTAVE.

Voyons***! si nous prenions un bon bifteck pommes... pour un!

ROSA, faisant la moue.

Oh! du bœuf! (Elle s'assied à droite.)

OCTAVE, qui a regardé la carte.

Comment! vous comptez quatre francs vos biftecks?

PAPHOS.

Oui, Monsieur, la nuit les prix sont doublés.

OCTAVE, à part.

Sapristi!.. Une autre fois, je viendrai souper dans la journée!

* P. O. R.
** O. P. R.
*** P. O. R.

ROSA, qui s'est emparée de la carte, se levant.

Moi, j'ai trouvé mon plat!.. Crocodile au madère!

PAPHOS.

Hein?

OCTAVE.

Comment! crocodile au madère?

ROSA, montrant sur la carte.

Tenez.., là!

OCTAVE, lisant.

Coquilles au madère. (A part.) Elle ne sait pas lire!

PAPHOS, criant à la cantonade.

Coquilles au madère pour deux*!

OCTAVE, l'arrêtant.

Mais non! voulez-vous vous taire!.. Est-ce que je soupe avec des coquilles?.. Tenez! allez-vous-en!.. vous nous gênez! Nous allons faire notre carte nous deux, Rosa!

PAPHOS.

Je vais mettre le couvert... Monsieur aura l'obligeance de sonner! (Il sort à droite.)

SCÈNE VI.

OCTAVE, ROSA**.

OCTAVE.

Oui.. nous sonnerons! C'est ennuyeux d'avoir comme ça un garçon dans le dos... qui vous pousse à la dépense!.. (A Rosa.) Nous allons arranger ça nous deux... gentiment... Nous ne sommes pas venus ici pour manger!..

ROSA.

Hein?..

OCTAVE.

A nous rendre malades?.. C'est le plaisir d'être ensemble... et nous sommes ensemble!.. (Écrivant.) Nous disons : un radis.

ROSA.

Sans beurre...

OCTAVE.

Oui, sans beurre... un bifteck pommes...

ROSA.

Pourquoi pas un haricot de mouton?

OCTAVE.

Vous voulez un haricot de mouton?

ROSA.

Ah! tenez, Octave! vous pouvez vous vanter de m'avoir joliment mise dedans, vous!

*R. O. P.
** R. O.

OCTAVE.

Comment?

ROSA.

C'est vrai... je rencontre un petit jeune homme... gants paille, bottes vernies, lorgnon à l'œil, l'air un peu anglais... je me dis : Ça peut être une bonne connaissance... Voyons!

OCTAVE.

Il me semble que je ne vous ai jamais donné que de bons conseils !

ROSA.

Oui, mais vous ne m'avez jamais donné que ça!

OCTAVE.

Rosa, je ne vous comprends pas...

ROSA.

Jamais un plaisir... une surprise... Vous ne me promenez pas... il faudrait prendre une voiture!

OCTAVE.

Oh!.. avec les changements de tarif, on ne s'y reconnaît plus!.. J'aime mieux aller à pied!

ROSA.

Vous ne m'avez jamais offert le moindre souvenir.... une bague... un bout de bracelet... pas même un bouquet!

OCTAVE, vivement.

Pour le bouquet, j'ai eu tort!

ROSA.

Et aujourd'hui... la première fois que vous me conduisez dans un restaurant... vous marchandez, vous liardez! et vous m'offrez... quoi? un radis!... sans beurre!

OCTAVE.

Permettez...

ROSA.

Ah! je vous connais, maintenant! quand vous tirez de l'or d'une poche... c'est pour le remettre dans l'autre!.. Entre nous, je vous crois parfaitement rat!

OCTAVE.

Ah! Rosa! un pareil mot!.. On pourrait croire que je suis intéressé...J'ai de l'ordre, c'est vrai... mais de là à être un... ce que vous avez dit!.. (S'attendrissant.) Rosa... vous me faites de la peine... beaucoup de peine!.. et certainement... je ne me serais pas attendu... (Pleurant tout à fait.) Voyons? voulez-vous un merlan frit?..

ROSA.

Tenez... vous m'ennuyez!.. Ce que vous voudrez!

OCTAVE.

Rosa *!

* O. R.

ROSA.

Mais dépêchez-vous, car j'ai faim!

ENSEMBLE.

Air :

A faire de la dépense
Il se croyait disposé,
Et, par la carte, d'avance,
Il se sent indisposé!

OCTAVE.

A faire de la dépense,
Rosa, j'étais disposé,
Pourtant, par trop de bombance,
Je serais indisposé!

(Rosa entre au n° 17.)

SCÈNE VII.

OCTAVE, puis LE GARÇON, puis POTFLEURY.

OCTAVE, seul.

Décidément, je ne la garderai pas... Des bagues! des brace-lets!.. Ces petites femmes-là c'est comme les lapins de chou... ça ne vit que de carottes!.. Moi, je veux être aimé pour moi-même. (Le garçon entre.)

LE GARÇON, à la cantonade, traversant de droite à gauche.

Oui... une lettre pour le n° 9. (Il entre au n° 9.)

OCTAVE, seul, se mettant à la table.

Voyons! il faut pourtant que je fasse ma carte, puisque j'ai eu la malheureuse idée de l'amener souper... c'est bien la der-nière fois. (Voix de Potfleury dans la coulisse.) Que le diable l'em-porte!

OCTAVE.

Du monde! (Il prend son faux nez sur la table et le met.) Je n'ai pas envie d'être reconnu...

POTFLEURY, entrant *.

Nom d'un petit Savoyard! voilà mon crétin de Collinet qui me récrit pour me dire qu'il ne viendra pas!.. et nous revoilà treize!.. Je ne peux pas renvoyer mon quatorzième... Jules!.. un garçon charmant! qui vient de me raconter ses amours avec mademoiselle Miranda... Il faut que je retourne à la pêche!

OCTAVE, écrit.

Un bifteck pommes...

POTFLEURY.

Tiens! un nez de carton! je l'enlève! (Il va à Octave et lui frappe sur le nez.) Jeune homme!

* P. O.

OCTAVE, dont le nez est tombé.

Hein?..

POTFLEURY.

Mon fils!..

OCTAVE.

Papa!

POTFLEURY, à part.

Sapristi! je suis fâché qu'il me voie en polichinelle!

OCTAVE.

Comment! c'est vous? sous cet accoutrement?

POTFLEURY, un peu honteux.

Que veux-tu?.. c'est le mardi gras! j'ai été entraîné!

OCTAVE.

A votre âge! à cinquante-sept ans!.. vous devriez pourtant comprendre que votre jeunesse est finie...

POTFLEURY.

Oui... mais je t'ai emprunté la tienne! comme tu ne t'en sers pas!

Air : *Dans un grenier...*

L'âge que j'ai?... mais comment le saurais-je?
Je ne veux pas compter avec le temps!
Mon front est blanc ?.. Ne voit-on pas la neige
Couvrir aussi le sommet des volcans ?
Je puis encore brusquer une conquête,
Je bois, je chante et j'aime avec bonheur!
Mes cinquante ans tu les as sur la tête,
Tes vingt-cinq ans je les ai dans le cœur!
Tes vingt-cinq ans me réchauffent le cœur!

OCTAVE.

Au lieu de dîner tranquillement à cinq heures... de vous coucher à neuf... de placer une partie de vos revenus... comme font tous les pères!

POTFLEURY, à part.

Je te vois venir!

OCTAVE.

Vous entamez votre capital... pour courir les soupers, les bals masqués... Tenez! vous finirez sans un sou dans la poche, malade, ruiné, perclus!.. et quand on demandera M. Potfleury père, qu'est-ce qu'il faisait?.. Lui? rien! il soupait!

POTFLEURY.

Ah! tu me tires mon horoscope! à mon tour!.. toi, tu seras riche, énormément riche! à force d'empiler les liards sur les sous et les sous sur les liards; tu auras voiture... parce que ça se voit!.. mais tes chevaux seront poussifs, tu mesureras leur foin, tu pèseras leur paille et tu leur souhaiteras de l'avoine! (Octave nettoie des gants avec un morceau d'élastique.) Tes domestiques auront de belles livrées... parce que ça se voit!.. mais en rentrant ils l'ôteront pour mettre tes vieux habits de rebut, frotter tes vieux meubles et manger tes vieilles pommes de terre !

OCTAVE.

Ah ! je ris !.. je ris beaucoup !..

POTFLEURY.

Tu porteras des gants paille... parce que ça se voit !.. mais quand on ne te regardera pas, tu les nettoieras dans un coin... comme dans ce moment !

OCTAVE.

Papa !..

POTFLEURY.

Enfin, quand on se demandera M. Potfleury fils... qu'est-ce qu'il faisait ?.. Lui ?.. rien... il économisait ! ! !.. Maintenant nous sommes quittes !.. J'ai besoin d'un quatorzième, veux-tu souper avec moi ?

OCTAVE.

Merci !.. je suis avec des amis... je fais de la dépense aussi, moi !.. si vous connaissiez ma carte !..

POTFLEURY.

Voyons ?

OCTATE, la retirant vivement.

Non !

SCÈNE VIII.

OCTAVE, POTFLEURY, CADET *.

CADET, entrant un paletot sous le bras.

Monsieur, faut-il mettre votre paletot au vestia ire ?

OCTAVE.

C'est inutile... tiens-le sur ton bras et prends garde aux taches.

POTFLEURY.

C'est à toi cet objet-là ?

OCTAVE.

C'est mon domestique.

POTFLEURY.

Alors il doit avoir faim !.. je te l'emprunte ** !

OCTAVE.

Pourquoi faire ?

POTFLEURY.

Mon quatorzième. (A Cadet, lui donnant le nez en carton d'Octave.) Fourre ton nez là dedans. (A Octave.) Je le ferai passer pour un noble étranger qui a trouvé drôle de se déguiser en domestique !

* P. O. C.
** O. P. C.

OCTAVE.

Non! je ne permettrai pas!..

POTFLEURY.

Que tu es bête! tu y gagnes!

OCTAVE.

Comment?

POTFLEURY.

Il ne déjeunera pas demain!

OCTAVE.

Tiens! c'est vrai!

POTFLEURY, poussant Cadet.

En route, noble étranger!... et n'ouvre la bouche que pour manger!

ENSEMBLE.

Air : *Nos amours ont duré...*

Je prétends le truffer pour une semaine !
Qu'il mange avec moi,
Demain il jeûnera chez toi!
Bravement, mon garçon, remplis ta bedaine!
Va, prends tes ébats,
Goûte une fois du mardi gras!

CADET.

N' laissons pas échapper un' pareille aubaine!
Chez nous j' n'aurais pas
Fêté comm' ça le mardi gras!

OCTAVE.

Cadet va revenir avec la migraine!
Et la diète, hélas!
Guérit seule du mardi gras!

(Potfleury et Cadet entrent au n° 9.)

SCÈNE IX.

OCTAVE, puis DUTILLET, puis PAPHOS.

OCTAVE, seul.

Il a de la chance, Cadet... et sans que ça lui coûte... Il faut pourtant que je fasse ma carte. (Il s'assied à gauche.)

DUTILLET, entrant *.

Tiens! vous voilà!

OCTAVE.

Dutillet!.. en pierrot...

DUTILLET.

Oui! je suis ici pour surveiller un petit jeune homme qu'un de mes clients doit faire conduire à Clichy au lever du soleil...

OCTAVE.

A la bonne heure!... vous vous déguisez pour affaires... vous!.. je comprends ça! . Quoi de nouveau?

* O. D.

DUTILLET.

J'ai vu ce matin M. Fructueux... votre futur beau-père...

OCTAVE, se levant.

Chut! pas si haut*! (Montrant le cabinet n° 17.) j'ai là quelqu'un!

DUTILLET.

Une femme?..

OCTAVE.

C'est une première danseuse de l'opéra... de Berlin !

DUTILLET.

Ah ! gaillard !

OCTAVE.

Une Allemande magnifique, mon cher! qui me ruine ! enfin !.. Voyons notre affaire ?..

DUTILLET.

M. Fructueux a pris ses renseignements. Vous lui convenez... Quant à la jeune personne...

OCTAVE.

Vous avez été aux hypothèques ?

DUTILLET.

Les propriétés sont entièrement vierges.

OCTAVE.

Très-bien !

DUTILLET.

Il a été convenu qu'on se rencontrerait demain soir dans une maison tierce... chez une de mes clientes, madame de Boisrosé, qui donne un bal...

OCTAVE.

J'y serai.

DUTILLET.

Il est important que votre père s'y trouve aussi pour faire la demande...

PAPHOS, sortant du n° 17**.

Monsieur... cette dame s'impatiente, elle a des crampes d'estomac...

OCTAVE.

Tout de suite !.. portez lui *l'Illustration*. (Paphos rentre avec l'Ilustration.)

DUTILLET.

Adieu, n'oubliez pas d'apporter votre père ! (Il sort à droite.)

SCÈNE X.

OCTAVE, puis ROSA.

OCTAVE, s'asseyant à droite.

Il faut pourtant que je fasse ma carte... je n'en finirai pas... pauvre Rosa !.. Il va falloir rompre, puisque je me marie... (Se

* D. O.
** D. O. P.

levant.) Que je suis bête ! puisque je dois rompre... autant le
faire avant souper !

Air : De sommeiller.

Ma pauvre Rosa, quand je pense
A ce souper, tout mon être frémit !
En mon amour, ta confiance
Aurait, ce soir, doublé ton appétit !
Et quand je vais, d'un mot : Je me marie !
Briser ton cœur qui pour moi fait tic tac !
Je n'aurai pas la barbarie,
De te charger encore l'estomac !

(Il déchire sa carte. — Apercevant Rosa.) La voici * !

ROSA.

Ah çà ! soupons-nous oui ou non ?..

OCTAVE.

Rosa !.. je suis anéanti... je viens de recevoir un coup ter-
rible !

ROSA.

Quoi donc ?

OCTAVE.

Tout est perdu !.. mon père connaît notre liaison !

ROSA.

Eh bien ! après ?

OCTAVE.

Ah ! vous ne connaissez pas mon père !.. c'est un grand po-
lichi... un grand vieillard, vêtu de noir, austère et implacable !
il vient de me signifier... c'est horrible ! Rosa, rassemblez toutes
vos forces... il vient de me signifier qu'il m'avait trouvé une
femme... et que j'eusse à l'épouser dans les quinze jours ! (il
feint de sangloter.)

ROSA.

Eh bien ! qu'est-ce que vous voulez que ça me fasse ?.. ma-
riez-vous !..

OCTAVE, étonné.

Comment !

ROSA.

Puisque papa le veut !

OCTAVE, à part.

Elle prend bien la chose...

ROSA.

Moi, je rentre au bal... mes respects à Madame... Bonsoir !

OCTAVE, l'arrêtant.

Un instant !.. Rosa...

ROSA.

Quoi ?

* O. R.

OCTAVE.

Tout à l'heure, vous m'avez accusé d'être intéressé... et avant de nous séparer je tiens à vous offrir un souvenir....

ROSA.

Vous?

OCTAVE.

Oui!.. (Tirant un papier de sa poche.) Prenez, Rosa... pensez quelquefois à moi...

ROSA.

Qu'est-ce que c'est que ça?

OCTAVE.

C'est un titre.

ROSA, le prenant vivement.

De rentes !

OCTAVE.

C'est une action au porteur de la *Chaudronnerie française!*

ROSA.

La chaudronnerie !.. Tenez! vous deviez finir par un trait d'Auvergnat. (Elle froisse le papier et le lui jette au nez.)

OCTAVE.

Vous refusez?

ROSA.

Tout!.. En vous attendant, j'ai commis l'indiscrétion de me faire servir un potage... (Appelant.) Garçon!.. (A Paphos qui entre.) voilà cent sous ! (Elle les jette sur la table.)

OCTAVE.

C'est trop !

ROSA, de la porte, au garçon.

Vous garderez le reste ! (Elle sort.)

ENSEMBLE.

OCTAVE.

Air : *C'est à qui se reverra.*

Pour moi, c'est humiliant!
Non, reprenez votre argent!
Cent sous! c'est un capital !
Rosa, vous finirez mal !

ROSA.

Pour lui, c'est humiliant!
Mais il gardera l'argent!
Pour grossir son capital,
Tout est bon, et rien n'est mal!

(Elle sort.)

SCÈNE XI.

OCTAVE, PAPHOS, POTFLEURY, CADET, MASQUES.

OCTAVE, seul.

Cent sous pour un potage !..

PAPHOS.

Monsieur a-t-il fait sa carte?

OCTAVE.

Non... pas encore !

POTFLEURY, paraissant à la porte du n° 9 **.

Garçon ! purée d'ananas au rhum !

CADET, de même et gris.

Avec beaucoup de truffes *** !

OCTAVE, qui s'est assis devant une petite table à droite et dépliant sa serviette.

Garçon !

PAPHOS.

Monsieur ?

OCTAVE.

Un bouillon... bien chaud !

PAPHOS.

Ah! bah! (Une foule de masques envahit le salon. Cadet monte sur une table à gauche, une bouteille et un verre dans les mains. Les masques dansent autour de la table, pendant le chœur suivant.)

CHŒUR.

Air : *Les quatre âges du Louvre.*

Fêtons tous le carnaval !
Après le bal
Vient la bombance !
Amis, en vrais gargantuas,
Et, par un joyeux repas,
Faisons, avec reconnaissance,
Nos adieux au mardi gras !

(Hourra général au baisser du rideau.)

ACTE DEUXIÈME.

A Paris, chez madame de Boisrosé.

Le théâtre représente un salon éclairé pour un bal ; portes au fond ; portes latérales ; tables de jeu, au troisième plan à droite.

SCÈNE PREMIÈRE.

MADAME DE BOISROSÉ, MIRANDA, DUTILLET, DANSEURS et DANSEUSES, puis FRUCTUEUX et ROSINE.

(Le rideau se lève sur une valse qui finit. — Les danseurs saluent leurs dan-

* O. Pa.
** Po. O. Pa.
*** C. Po. O. P.

seuses et les reconduisent dans le second salon. — Dutillet, madame de Boisrosé et Miranda restent en scène *.)

DUTILLET, saluant madame de Boisrosé.

Mon compliment, madame de Boisrosé; votre bal est charmant, on y étouffe.

MADAME DE BOISROSÉ.

J'attends encore deux cents personnes.

DUTILLET.

Alors on n'y survivra pas. (Il remonte causer au fond avec un danseur.)

MADAME DE BOISROSÉ, bas à sa fille que le danseur vient de ramener **.

Miranda! que vous a dit ce Monsieur pendant la valse?

MIRANDA.

Il m'a dit : Il fait bien chaud!

MADAME DE BOISROSÉ.

A la bonne heure! c'est un homme bien élevé!

MIRANDA.

Et qui craint la chaleur! En vérité, maman, vous me sur-
veillez... on dirait que vous êtes jalouse de moi?..

MADAME DE BOISROSÉ, lui prenant la main avec une émotion comique.

Ah! ma fille!.. sais-tu ce que c'est qu'une mère?

MIRANDA, naïvement.

Non, maman, pas encore!

MADAME DE BOISROSÉ.

C'est juste! nous en recauserons plus tard!

DUTILLET, apercevant Fructueux qui entre avec sa fille ***.

Ah! voilà monsieur Fructueux et sa fille !..

FRUCTUEUX, saluant madame de Boisrosé.

Madame... Mademoiselle...

MIRANDA, à Rosine.

Comme tu arrives tard...

ROSINE.

C'est demain le 15... et comme papa est propriétaire... il a
voulu signer toutes ses quittances avant de partir... cent
soixante-deux signatures !

FRUCTUEUX, avec bonhomie.

J'avoue ma faiblesse... j'aime à signer mes quittances!..
C'est même le seul instant de bonheur que j'aie pendant le tri-
mestre... tout le reste m'ennuie...

MADAME DE BOISROSÉ.

Voilà qui est aimable .. merci !

DUTILLET.

Merci !

FRUCTUEUX.

Oh! pardon!.. j'aime aussi le monde, les soirées... quand

* Mad. B. D.
** M. Mad. B. D.
*** M. R. Mad. B. F. D.

elles finissent de bonne heure ! (A Dutillet.) Notre jeune homme est-il arrivé ?

DUTILLET.

Pas encore... nous l'attendons.

MADAME DE BOISROSÉ.

A votre prière je lui ai fait tenir une lettre d'invitation par monsieur Dutillet.

DUTILLET.

Et il m'a promis de venir avec son père qui fera la demande.

MIRANDA.

Quelle demande *?

FRUCTUEUX.

La demande de la main de ma fille.

MIRANDA, à Rosine.

Comment, tu te maries?..

ROSINE, avec indifférence.

Il paraît !

FRUCTUEUX, à Miranda.

Voilà, Mademoiselle, un bel exemple à suivre !

MIRANDA.

Oh! moi !

MADAME DE BOISROSÉ, vivement.

Nous avons le temps !

DUTILLET.

Cela ne peut manquer d'arriver bientôt.

FRUCTUEUX.

Je crois bien ! avec cinq cent-mille francs de dot !

MADAME DE BOISROSÉ.

Mais taisez-vous donc **! il n'est pas nécessaire de crier ça !

FRUCTUEUX.

Tiens! ça attire!.. c'est comme pour les appartements, si on ne mettait pas l'écriteau !..

ROSINE.

Oh! papa!

MADAME DE BOISROSÉ.

Ce ne sont pas les demandes qui manquent à ma fille... il s'est déjà présenté sept prétendants. (Elle remonte avec Dutillet.)

MIRANDA.

Le septième, M. Jules Champein, était même un jeune homme... très-bien!.. un officier d'artillerie.

FRUCTUEUX.

Et pourquoi ce mariage a-t-il manqué ?

MIRANDA, à demi voix.

Oh! parce que ma mère a deux mouvements, un bon et un mauvais... le bon c'est de dire oui... le mauvais c'est d'ajouter:

* R. M. Mad. B. F. D.
** R. M. F. Mad. B. D.

Monsieur, nous causerons... Elle cause le lendemain; je ne sais pas ce qu'elle dit, mais le prétendu ne reparaît plus !

TOUS.

Comment !

DUTILLET, continuant une causerie avec madame de Boisrosé.

Si vous le permettez, Madame, je vous présenterai ce soir un de mes amis, qui serait un parti fort convenable pour mademoiselle votre fille...

MADAME DE BOISROSÉ.

Comment donc! avec plaisir !

MIRANDA, à part.

Voilà, le bon mouvement !

MADAME DE BOISROSÉ.

Nous causerons.

MIRANDA, à part.

Bien !.. encore un de manqué. (On entend l'orchestre. — Deux jeunes gens viennent inviter Miranda et Rosine.)

MADAME DE BOISROSÉ.

Voilà l'orchestre... c'est un quadrille... et je danse encore le quadrille...

DUTILLET, offrant sa main.

Eh bien ! Madame...

ENSEMBLE.

Air : *Oui, puisqu'il nous en prie!*

MADAME DE BOISROSÉ,

Tout projet d'alliance
Me ferait trouver mal!
J'en suis triste d'avance...
Rentrons, rentrons au bal!

MIRANDA.

Tout projet d'alliance
Arrive toujours mal!
Il est rompu d'avance...
Allons, rentrons au bal!

LES AUTRES.

Tout projet d'alliance
La ferait trouver mal!
Ça l'attriste d'avance...
Vite rentrons au bal!

(Tous rentrent dans les salons.)

SCÈNE II.

POTFLEURY, OCTAVE, CADET *.

(Octave entre le premier, suivi de son père et de Cadet, qui porte son paletot.)

OCTAVE.

Par ici !

* P. O. C.

POTFLEURY.

Où sommes-nous ?.. où me conduis-tu ?

OCTAVE.

Au bal, papa !

POTFLEURY.

Tiens ! j'ai des gants ! je vais pincer un rigaudon. (Il fait un entrechat.)

OCTAVE, l'arrêtant.

Vous n'êtes pas ici en polichinelle !

CADET, riant.

Hi! hi! hi! qu'il est gai, mon Dieu !

OCTAVE.

Monsieur Cadet, je vous prie de ne pas vous mêler à la conversation. (A son père.) Je ne vous ai pas conduit ici précisément pour danser... mais vous jouirez du coup d'œil.

POTFLEURY.

Il est joli, le coup d'œil !... Trois cents messieurs en habit noir, qui cuisent les uns à côté des autres, comme des prunaux dans une marmite !

CADET, riant.

Dans une marmite ! Qu'il est gai, mon Dieu !

OCTAVE, à Cadet.

Veux-tu te taire, toi ! (A Potfleury.) Vous me l'avez grisé hier, il est insupportable !.. Entre nous, je vous ai amené pour une affaire... une affaire importante !

POTFLEURY.

Allons donc ! je disais aussi... il paye le fiacre !.. il y a quelque chose là-dessous, car tu as payé le fiacre. (A part.) La terre en a tremblé !

OCTAVE.

Ne parlons pas de ça !.. vous le payerez en revenant...

POTFLEURY.

C'est ça... une course de nuit !.. 2 fr. 50 c.

OCTAVE.

Oh ! vous pouvez croire !..

POTFLEURY.

Va toujours !.. je t'étudie et tu m'amuses ! voyons ton affaire ?...

OCTAVE.

Attendez ! (A Cadet.) Retourne dans l'antichambre, et ne quitte pas mon paletot de la soirée... ne va pas le mettre au vestiaire !

POTFLEURY, à part.

Ça coûte dix sous !..

CADET.

Oui... je sais... Monsieur m'a donné une leçon ce matin pour le tenir sans l'abîmer... comme ça !..

OCTAVE.

C'est bien! on ne te demande pas cela!.. Donne-moi mes paires de gants?

CADET, tirant deux paires de gants de la poche du paletot.

Une... et deux!.. et celle que vous avez... ça fait trois! (Il remonte.)

POTFLEURY.

Pourquoi trois paires de gants * ?

OCTAVE.

Celle que j'ai dans les mains est très-fraîche.,. elle est toute neuve!

POTFLEURY.

Parbleu! la mienne aussi est neuve!

OCTAVE.

Dans dix minutes, quand j'aurai salué la maîtresse de la maison... et fait le tour du salon, (Montrant une autre paire de gants.) je mettrai celle-ci.

POTFLEURY.

Tiens! elle est fanée!

OCTAVE.

Oui!.. et dans une heure, quand on passera les rafraîchissements, les fruits glacés... les choses qui poissent... (Montrant une autre paire de gants.) je mettrai celle-là!

POTFLEURY.

Elle est sale!

OCTAVE.

C'est pour cela... elle ne craint rien! c'est de l'ordre, voilà tout!

POTFLEURY, à part.

Bigre! il est fort, mon fils! (Cadet sort.)

SCÈNE III.

POTFLEURY, OCTAVE ***.

POTFLEURY.

Nous voilà seuls... de quoi s'agit-il?

OCTAVE.

Chut!.. il s'agit d'un mariage!..

* C. P. O.
** P. C. O.
*** O. P.

POTFLEURY.

Pour qui?

OCTAVE.

Pour moi !

POTFLEURY.

Veux-tu finir !

OCTAVE.

Pourquoi pas?

POTFLEURY.

Tu te déciderais à faire la dépense d'une famille, toi?..

OCTAVE.

Certainement.

POTFLEURY.

Une femme, des enfants, qui boivent! qui mangent! qui usent ! qui déchirent! allons donc ! je parie vingt francs que tu ne te maries pas!

OCTAVE.

Je les tiens!

POTFLEURY, à part.

Ah ! bigre ! c'est sérieux!.. je suis mordu !

OCTAVE.

D'abord, le mariage ne coûte pas autant que vous croyez... Quant aux enfants... j'espère que le ciel ne m'en accordera qu'un... Et puis, voyez-vous, il vient un moment où le cœur... le cœur...

POTFLEURY.

Va donc toujours !

OCTAVE.

Éprouve le besoin de se reposer sur des affections plus sérieuses...

POTFLEURY.

Ah çà ! elle est donc bien riche?

OCTAVE.

Pas mal... deux cent mille francs !

POTFLEURY.

Tu as plus que ça !

OCTAVE.

Oui, mais elle a un père !

POTFLEURY.

Qui tousse ?

OCTAVE.

Non, presque pas... mais il a de vastes terrains parfaitement situés dans une rue qu'on va percer... Il ne le sait pas encore... peut-être se décidera-t-il à donner ces terrains en échange de la dot, ce qui la doublerait... dans ce moment nous le travaillons pour ça.

POTFLEURY.

Comment ?

OCTAVE.

Son terrain vaudra deux cents francs le mètre au moins... je lui en ai fait offrir trente par un notaire... puis vingt-cinq par un autre,.. et, demain, on ne lui en proposera plus que vingt.

POTFLEURY.

Je ne saisis pas.

OCTAVE.

Ça finira par l'écœurer, ce brave homme!.. il se dira : Ça baisse!.. et le jour du contrat, quand j'offrirai cinquante francs, on me prendra le cou dans la porte, et on me regardera comme un imbécile!.. Règle générale : pour faire une bonne affaire, il faut toujours avoir l'air d'un imbécile!..

POTFLEURY, à part.

Il est très-fort, mon fils... Ah çà !.. quand tu auras beaucoup d'argent... trop d'argent... voyons?.. qu'est-ce que tu en feras?

OCTAVE.

Oh! cette question!.. je le ferai valoir!

POTFLEURY.

Et après, quand tu l'auras bien fait valoir?..

OCTAVE.

Dame!.. après... je continuerai!..

POTFLEURY.

Comme ça, tu ne jouiras pas... tu n'acheteras jamais rien?..

OCTAVE.

Oh ! si!.. j'ai ma petite idée! j'achèterai des chemins de fer, bon marché... et je les revendrai très-cher.

POTFLEURY.

Ça sera plein de gaieté *.

OCTAVE.

Mais, il ne s'agit pas de ça... je vous ai amené pour faire la demande! c'est très-pressé!

POTFLEURY.

Ça me va d'autant mieux, que moi aussi j'ai une affaire... à onze heures et demie.

OCTAVE.

Une affaire? de terrains?

POTFLEURY.

Allons donc!.. un souper!

OCTAVE.

Encore! Ah çà! quel plaisir trouvez-vous donc à aller engloutir votre fortune dans les casseroles d'un restaurant?..

POTFLEURY.

Quel plaisir? mais tu ne sais pas ce que c'est qu'un bon

* P. O.

souper! avec de joyeux amis, des truffes à point... un chambertin choisi, ni trop chaud, ni trop frais... parce que le chambertin... Mais tu ne comprends pas le vin, toi!.. tu es Arabe, ta religion te le défend!..

OCTAVE.

Oh! quand on m'invite... Et ça va vous coûter, cette plaisanterie-là?

POTFLEURY.

Oh! pas cher... quarante francs par tête.

OCTAVE.

Quarante francs!... huit pièces de cinq francs!.. quand on peut dîner pour trente-deux sous... en se cachant! (Confidentiellement.) Dites-donc, restez-ici... il y a un buffet!..

POTFLEURY.

Un buffet! je connais ça! très-peu de galantine avec beaucoup de gelée!.. merci! j'ai mieux que ça!.. c'est le souper mensuel des membres du Caveau...

OCTAVE.

Le Caveau? ça existe donc toujours cette vieille machine-là?

POTFLEURY.

Oui, nous ne sommes plus que six... mais nous tenons bon!...

OCTAVE.

Ils se cramponnent!

POTFLEURY.

Ainsi, c'est convenu, à onze heures et demie... je te lâche!

SCÈNE IV.

OCTAVE, POTFLEURY, DUTILLET *.

DUTILLET, entrant et à Octave.

Ah! vous voilà! nous vous attendions...

OCTAVE.

C'est Dutillet!.. un ami! c'est lui qui fait le mariage... (Lui serrant la main.) Cher ami! soyez tranquille!.. je ne vous oublierai pas!.. (A part.) Je l'inviterai à ma noce! il sera mon témoin!

DUTILLET.

Vous êtes annoncé... l'affaire est en bon chemin!

POTFLEURY.

Quelle affaire?..

OCTAVE.

Le mariage, parbleu!

POTFLEURY.

Ah! oui!.. l'opération!

DUTILLET.

La future est dans le grand salon... invitez-la à danser.

* P. D. Q.

OCTAVE.

Et son père?

DUTILLET.

M. Fructueux vient d'entrer dans la salle de jeu.

OCTAVE.

Il est joueur?

DUTILLET.

Non, il regarde; dès que la partie sera finie, monsieur Potfleury lui fera sa demande... Il est prévenu...

POTFLEURY.

Mais je ne le connais pas.

DUTILLET, montrant une salle à gauche *.

Tenez, il est là, près de cette table!

POTFLEURY.

Ils sont plusieurs, qui regardent.

OCTAVE.

Un vieux, avec un gilet blanc et des breloques...

POTFLEURY.

Un gilet blanc et des breloques... très-bien **!..

DUTILLET, à Octave.

Voici l'orchestre... venez!

OCTAVE.

Tout de suite. (A son père.) Dites donc... il est inutile de lui
dire qu'on doit percer une rue...

POTFLEURY.

Parbleu! sois donc tranquille. (Octave et Dutillet sortent.)

SCÈNE V.

POTFLEURY, puis CADET, puis GREFFÉ.

POTFLEURY, seul..

Il est canaille mon fils! (Cadet entre avec un plateau de rafraîchissements; il tient toujours le paletot de son maître *.)

CADET.

Sapristi! ce paletot me gêne bien!

POTFLEURY, regardant à droite.

La partie n'est pas encore finie... il regarde toujours.

CADET, offrant des rafraîchissements.

Monsieur boit-il?

POTFLEURY, le reconnaissant.

Tiens!

CADET, de même.

Tiens!

POTFLEURY.

Qu'est-ce que tu fais là?

* O. P. D.
** P. O D.
*** G, P,

CADET.

Il manquait un domestique... alors on m'a prié de passer les rafraîchissements... mais le paletot me gêne bien! (offrant.) Monsieur boit-il?

POTFLEURY.

Des sirops? des bavaroises? merci !

CADET, familièrement.

Dites donc, Monsieur... quand est-ce que nous resouperons ensemble?

POTFLEURY.

Tiens, tu y prends goût?

CADET.

Je ne vous cacherai pas que j'en avais besoin... ça m'a refait !

POTFLEURY.

Est-ce que mon fils ne te nourrit pas?

CADET.

Oh! si !.. le pain, ça va encore, le fromage aussi! mais c'est le vin !

POTFLEURY.

Vraiment? (A part.) Qu'est-ce qu'il peut lui faire boire?

CADET.

Il paraît qu'il est malade, le vin!,. alors on met du soufre dedans, et comme c'est un poison... le gouvernement le fait jeter dans le ruisseau,.. C'est pour cela qu'on ne boit plus que de l'eau filtrée !

POTFLEURY.

Qui est-ce qui t'a dit ça?

CADET.

Monsieur... qui a eu la bonté de me le lire lui-même dans le journal !

POTFLEURY, à part.

Très-fort! très-fort! (Regardant dans la salle à gauche *.) Ah! sapristi ! les joueurs ont quitté la table !.. Il faut que je retrouve mon homme aux breloques! (Il sort vivement par la gauche en heurtant le plateau de Cadet.)

CADET.

Oye! oye! sur le paletot de Monsieur! (Il y porte la main et goûte.) Tiens, c'est sucré ! (Il essuie la tache avec sa manche.)

GREFFÉ, entrant par le fond en s'essuyant le front.

Quelle chaleur, mon Dieu! quelle chaleur! Je ne sais pas comment ma fille Nini peut danser, et elle s'en donne! elle s'en donne !

CADET,

Monsieur boit-il ?

* G. C.

GREFFÉ, prenant un verre.

Ah! volontiers!

POTFLEURY, entrant par le fond, à droite *.

Impossible de retrouver mon homme...

CADET, à Potfleury.

Monsieur, le sirop, croyez-vous que ça tache?

POTFLEURY.

Non, ça sucre!

CADET, sortant.

C'est égal... ce paletot me gêne bien!

SCÈNE VI.

GREFFÉ, POTFLEURY **.

GREFFÉ, à lui-même.

Quelle chaleur, mon Dieu! quelle chaleur!

POTFLEURY.

Tiens! un gilet blanc... avec des breloques!.. ça doit être ça! (Haut.) Pardon, Monsieur...

GREFFÉ.

Monsieur?

POTFLEURY, à part.

Sapristi!.. j'ai oublié son nom! (Haut.) N'étiez-vous pas tout à l'heure à cette table de wisth?

GREFFÉ.

Oui, Monsieur...

POTFLEURY.

Vous êtes père, Monsieur... vous avez une fille?

GREFFÉ.

Oui, Monsieur... Mais pourquoi..?

POTFLEURY, à part.

C'est parfaitement ça! (Haut.) Vous allez me comprendre... Je suis Potfleury...

GREFFÉ, saluant.

Monsieur... je m'appelle Greffé, moi, Monsieur!

POTFLEURY.

Greffé?... Allons donc!.. figurez-vous que j'avais oublié votre nom... mais je savais bien qu'il y avait de l'horticulture dedans!

GREFFÉ.

De l'horticulture!

POTFLEURY.

Je vais droit au but... Monsieur, en ma qualité de père, j'ai l'honneur de vous demander la main de votre fille pour mon fils Octave.

* G. C. P.
** G. P.

GREFFÉ, étonné.

Hein?.. comment!

POTFLEURY.

Octave a cent mille francs du bien de sa mère, et on prétend qu'il les a triplés... je ne vous dirai pas comment; mais ça vous est égal?..

GREFFÉ.

Trois fois cent!..

POTFLEURY.

Ça fait trois cents... oui, Monsieur...

GREFFÉ, à part.

Trois cent mille francs... et je n'en donne que vingt-cinq! (Haut.) Pardon.... vous êtes bien sûr que M. Octave aime ma fille?

POTFLEURY.

Il en est fou!

GREFFÉ.

Puisque c'est comme cela... je ne dis pas non... si monsieur votre fils est un homme d'ordre, d'économie...

POTFLEURY.

Lui!.. il ramasserait une épingle dans le macadam!

GREFFÉ.

Moi, je suis de même... et ma fille aussi!

POTFLEURY.

Eh bien! ça fera une jolie famille! et une belle collection d'épingles!

GREFFÉ.

Je vous demande la permission de m'informer, de prendre quelques renseignements... et je viendrai vous rendre réponse *...

POTFLEURY.

A l'honneur de vous revoir! (Greffé disparaît.)

SCÈNE VII.

POTFLEURY, puis OCTAVE.

POTFLEURY seul.

Il a l'air d'un bon gros Auvergnat! (Tirant sa montre.) Onze heures! j'ai encore trente minutes à donner à la famille de mon fils! Je prendrais bien un verre de punch!

OCTAVE, entrant et ôtant ses gants **.

Ah! papa! ma future est charmante... nous avons causé,... elle m'a avoué qu'elle n'aimait pas les diamants!..

* P. G.
** O. P.

POTFLEURY.

Alors... c'est un ange! Moi, j'ai vu ton beau-père...

OCTAVE.

Monsieur Fructueux?..

POTFLEURY.

Quoi?.. Fructueux?.. Greffé!

OCTAVE.

Quoi Greffé? Fructueux!

POTFLEURY.

Après ça... c'est la même chose... il faut être greffé pour être fructueux... Enfin, je te parle de l'homme aux breloques... je lui ai fait la demande.

OCTAVE.

La demande! où ça?

POTFLEURY.

Ici, à l'instant!

OCTAVE.

A l'instant... c'est impossible!.. je ne l'ai pas quitté depuis un quart d'heure...

POTFLEURY.

Ah bah!..

OCTAVE.

Et je l'attends ici avec sa fille... Tenez les voilà !

POTFLEURY, regardant.

Ah bigre ! ce n'est pas celui-là... les breloques m'ont fourré dedans !

SCÈNE VIII.

POTFLEURY, OCTAVE, FRUCTUEUX, ROSINE. Fructueux entre avec sa fille*.

OCTAVE.

Monsieur, permettez-moi de vous présenter mon père...

FRUCTUEUX.

Je suis très-heureux, Monsieur, de faire votre connaissance...

POTFLEURY.

Comment donc, Monsieur ** !

FRUCTUEUX.

Monsieur est propriétaire?

OCTAVE.

Certainement ! certainement !

* O. F. P. R.
** O. D.

FRUCTUEUX.

Moi aussi! (A Potfleury, en se frottant les mains.) C'est demain le 15!

POTFLEURY.

Eh bien! (A part.) Il a une bonne boule; mais la petite est gentille!

OCTAVE, bas, à son père.

Maintenant la demande!

POTFLEURY.

Voilà... hum! (A Fructueux.) Monsieur, en ma qualité de père, je dois vous faire part des espérances que nous caressons... (A part.) C'est embêtant ce métier-là!.. (Haut.) Le plus vif désir d'Octave, mon fils...

OCTAVE.

Unique!

POTFLEURY.

Heureusement unique! serait d'entrer dans vos terrains...

OCTAVE, toussant.

Hum!

POTFLEURY, se reprenant.

Non! dans votre famille!... En voyant Mademoiselle, je ne puis que ratifier son choix, et j'ai l'honneur de vous adresser ma demande!

OCTAVE, bas.

Très-bien!...

FRUCTUEUX.

Messieurs, ma fille et moi, nous sommes flattés de l'honneur que vous voulez bien nous faire *...

POTFLEURY ET OCTAVE, remerciant.

Ah! Monsieur...

OCTAVE, à part.

Je suis marié, papa me doit vingt francs.

POTFLEURY, à part, tirant sa montre.

J'ai encore vingt-cinq minutes à donner à la famille de mon fils!

FRUCTUEUX, à Octave.

Je vous laisse avec ma fille! (A Potfleury.) Mon cher monsieur Potfleury, votre bras... nous avons à causer.

POTFLEURY.

Je prendrais bien un verre de punch, et vous?

FRUCTUEUX.

Moi? jamais rien entre mes repas.

POTFLEURY, à part.

Pauvre petit chou! (Haut.) C'est égal, si ça ne vous fait rien, causons du côté du punch!

* O. F. P. R.

SCÈNE IX.

OCTAVE, ROSINE *.

ROSINE.

Papa me laisse seule avec ce jeune homme!... c'est bien em-
barrassant!

OCTAVE.

Enfin, Mademoiselle... maintenant que je suis agréé, il m'est
permis de vous dire combien je vous aime, combien ce mariage
me comble de joie...

ROSINE, timidement.

Monsieur...

OCTAVE, à part.

Tiens! elle est gentille! je ne l'avais pas encore regardée!...

ROSINE.

Je vous avoue, Monsieur, que je ne songeais pas à me marier... mais puisque mon père l'a décidé...

OCTAVE.

Oh! Mademoiselle!... rien ne me coûtera pour vous rendre
heureuse...

ROSINE.

Vous êtes bien bon, Monsieur...

OCTAVE.

Vous verrez comme c'est gentil l'existence à deux!... D'abord,
nous aurons un joli petit appartement... Fiez-vous à moi... pas
de luxe!.. pas de faste! le bonheur n'est pas là!.. Voyez le nid
des tourterelles... quelques feuilles et un peu de duvet!... si
vous voulez, nous imiterons ces charmants petits oiseaux?

ROSINE.

Oh! moi, pourvu que j'aie un piano!

OCTAVE, la faisant asseoir et s'asseyant près d'elle.

Vous en aurez un!... vous aurez le vôtre!...

ROSINE.

Comment!

OCTAVE.

A moins que monsieur votre père ne prétende le garder... ce
qui me paraîtrait...

ROSINE.

Oh! non!... c'est que... il n'est pas, d'Érard.

OCTAVE, avec passion.

Qu'importe, qu'il soit ou ne soit pas d'Érard!... Érard! ça
m'est bien égal!...

ROSINE.

Monsieur...

OCTAVE.

Mademoiselle...

* R. O.

ROSINE.

Avez-vous le goût des voyages?... L'été, qu'est-ce que nous ferons?

OCTAVE.

Comment, ce que nous ferons l'été?...

ROSINE.

Oh! je voudrais voir l'Italie!... la Suisse.

OCTAVE, décontenancé.

Ah! oui!... la Suisse!... l'Italie... (A part.) C'est là qu'on vous écorche! (Tout à coup.) Nous irons aux bains de mer!

ROSINE.

Ah! oui!... à Dieppe!

OCTAVE.

En Bretagne!... au fond de la Bretagne!... On y vit pour rien!... Nous louerons une cabane de pêcheur, pour deux cents francs, ou cent cinquante... en marchandant... Nous emmènerons Cadet... mon domestique... (A part.) dans les troisièmes, (Haut.) Et cet honnête garçon nous préparera nos aliments : du lait... des fruits...

ROSINE.

Oh! oui! j'aime beaucoup les fruits! (Ils se lèvent.)

OCTAVE.

Moi aussi... pas les primeurs... ça n'a pas de goût!... et le matin, le soir... et dans la journée nous nous promènerons sur la plage... à pied... sans toilette... au bord du grand océan!... Quel magnifique spectacle! Ah! cela vaut mieux que l'Opéra, allez!

ROSINE.

Oh! certainement!... mais nous irons aussi à l'Opéra?

OCTAVE.

Sans doute!... sans doute!... nous irons voir *l'Africaine!...* quand on la donnera.

ROSINE.

Oh! quel bonheur!

OCTAVE, à part.

Eh! eh! je la crois un peu dépensière!

ROSINE, à part.

Quel dommage que Miranda ne soit pas mariée... (Haut.) Monsieur Octave... vous ne connaîtriez pas parmi vos amis un jeune homme riche, bien fait, distingué?

OCTAVE.

Pourquoi faire?

ROSINE.

C'est pour une de mes amies... qui a six mois de plus que moi et qui reste demoiselle... comprend-on ça avec cinq cent mille francs de dot?

OCTAVE.

Cinq cent mille francs!..

ROSINE.

Et des espérances !

OCTAVE.

Ah !.. il y a ici une demoiselle de cinq cent mille francs?

ROSINE.

Miranda ! mademoiselle de Boisrosé !

OCTAVE.

Et elle veut se marier?

ROSINE.

Sans doute !

OCTAVE.

Voyons !.. qu'est-ce qui lui manque? un bras, une jambe, un œil?

ROSINE.

Mais non ! il ne lui manque rien !

OCTAVE, à part.

Elle est complète !

ROSINE.

Comme ça serait gentil !.. nous irions ensemble aux bains de mer ！

OCTAVE, très-agité.

Oui... oui... oui... (A part.) Cinq cent mille francs ! (On entend l'orchestre. — Les danseurs paraissent au fond, les joueurs entrent en scène et se placent à une table de jeu à droite.)

UN DANSEUR, paraissant, à Rosine.

Mademoiselle ?

ROSINE, à Octave.

Pardon... on vient me chercher pour un *lancier*... vous permettez ?..

OCTAVE.

Comment donc ! faites ! faites ! (Rosine sort au bras de son cavalier.)

SCÈNE X.

OCTAVE, puis DUTILLET.

OCTAVE, seul.

Cinq cent mille francs ! et Dutillet qui ne me prévient pas !.. il me laisse m'enferrer avec une autre... qui est dépensière !

DUTILLET, entrant.

Ah ! je vous cherchais !

OCTAVE [*].

Je suis enchanté de vous voir !

* O. D.

DUTILLET.

Une nouvelle que je viens d'apprendre... vous savez bien les terrains de M. Fructueux?

OCTAVE.

Qui doivent être traversés par une rue ?

DUTILLET.

C'est changé ! la rue passe à gauche, maintenant !

OCTAVE.

A gauche ! elle ne les traverse plus? Alors qu'est-ce que c'est que ces gens-là ! ce sont des intrigants !

DUTILLET.

Mais... mon ami..

OCTAVE.

Non ! ne m'en parlez plus! j'aime la demoiselle de la maison !

DUTILLET.

Miranda ?

OCTAVE.

J'en suis fou ! fou !.. une si belle brune!

DUTILLET.

Elle est blonde !

OCTAVE, se reprenant.

Une si belle blonde ! la langue m'a tourné !.. présentez-moi

DUTILLET.

J'ai annoncé un autre prétendu... qui va venir,... M. Octave Beaudéduit...

OCTAVE.

Beaudéduit ou Potfleury... ça se ressemble ! D'ailleurs, je m'appelle Octave !

DUTILLET.

Au fait... je ne l'ai pas nommé...

OCTAVE.

Vous voyez !.. Présentez-moi *!

DUTILLET.

Et votre père qui vient de faire la demande à M. Fructueux !

OCTAVE.

Ah ! sapresti ! c'est vrai !,, il faudrait trouver un moyen de rompre... tout de suite !

DUTILLET,

C'est difficile... que faire? (Apercevant Fructueux qui entre.) Le voici !

D. O.

SCÈNE XI.

OCTAVE, DUTILLET, FRUCTUEUX, JOUEURS, puis un DOMES-
TIQUE.

FRUCTUEUX, entrant, à Octave,

Vous ne dansez donc pas, mon gendre !

UN JOUEUR, à Fructueux,

Qu'est-ce que vous me conseillez *?

FRUCTUEUX.

Oh ! Monsieur, je n'ai jamais touché à une carte... mais, je
regarde...

OCTAVE,

Oh ! une idée**!

DUTILLET.

Quoi ?

OCTAVE, bas.

Je veux qu'il me prenne pour un joueur... je veux lui faire
dresser les cheveux sur la tête !

DUTILLET.

Comment ?

OCTAVE, bas.

Nous allons parier, l'un contre l'autre, ça ne comptera pas !
Je vous joue la Californie contre l'Australie ! mais ça ne comptera pas !

DUTILLET.

Je comprends !

OCTAVE.

Allez !.. et ne lésinez pas !

FRUCTUEUX, à Octave.

Ah! mon gendre !.. il y a là un Monsieur qui joue cinq francs
à la fois !

DUTILLET, allant à la table.

Quatre à... Je parie cinquante louis *** !

FRUCTUEUX.

Hein ?

OCTAVE.

Je les tiens, morbleu !

FRUCTUEUX, à part.

Hein ! comment !.. mon gendre ! c'est vous qui risquez une
pareille somme !

OCTAVE.

Que voulez-vous?.. je n'aime pas à jouer petit jeu **** !

* D. F. O.
** D. O. F.
*** O. F. D.
**** F. O. D.

DUTILLET, à Octave.

Vous avez perdu !..

OCTAVE.

C'est un petit malheur! (Chantant.) C'est un... petit... mal...
heur! (Il fait des roulades.)

FRUCTUEUX, à part.

Et il chante encore !

UN DOMESTIQUE, entrant et bas à Dutillet.

Monsieur... il y a dans l'antichambre un M. Octave Beaudéduit qui vous demande pour l'introduire... -

DUTILLET, à part.

Le Beaudéduit !.. Sapristi! il faut l'éloigner... je cours ! (Il
sort vivement.)

UN JOUEUR, prenant place à la table.

Il y a cent louis.

OCTAVE, croyant parier avec Dutillet et regardant Fructueux.

Tenus !.. (Chantant.) « Ils sont tenus! »

FRUCTUEUX, effrayé.

Encore !

OCTAVE, à part.

Il va rompre!

FRUCTUEUX.

Mon gendre... est-ce que vous jouez souvent ?

OCTAVE.

Quand je suis seul, jamais!

FRUCTUEUX.

Ah! à la bonne heure... vous me tranquillisez! J'avais besoin
de cette assurance...

OCTAVE.

Comment?

FRUCTUEUX, lui tendant la main.

Touchez là, mon gendre! (Il remonte.)

OCTAVE, à part.

Bon! le coup est manqué !..

LE JOUEUR, venant à Octave.

Monsieur, vous avez perdu.

OCTAVE, gaiement.

J'ai encore perdu!

LE JOUEUR.

C'est cent louis que vous me devez!

OCTAVE.

Quoi?.. qu'est-ce que vous demandez?

LE JOUEUR.

C'est cent louis que vous me devez!

OCTAVE.

Comment !.. mais j'ai parié avec Dutillet!

LE JOUEUR.

Ce monsieur est sorti... et j'ai pris sa place.

OCTAVE.

Ah! sacrebleu! (Au joueur d'une voix éteinte.) C'est bien, Monsieur... laissez-moi votre adresse... je n'ai pas sur moi la somme... et demain... j'aurai l'honneur...

LE JOUEUR.

Voici ma carte, Monsieur; mais ça ne presse pas!.. ça ne presse pas! (Il sort suivi des autres joueurs.)

OCTAVE.

Cent louis!..

FRUCTUEUX.

Ah! ma fille danse la polka!.. (Il remonte à la porte du fond et regarde.)

SCÈNE XII.

OCTAVE, FRUCTUEUX, au fond, puis POTFLEURY.

OCTAVE, à part.

Cent louis!.. quatre cents pièces de cent sous!.. que d'économies il me faudra faire!.. (Il ôte vivement la seconde paire de gants et met la troisième.)

POTFLEURY, entrant, un verre à la main *.

Je suis parvenu à enlever un verre de punch!.. il m'a fallu boxer.

OCTAVE, l'apercevant.

Ah! c'est vous!

POTFLEURY.

Quelle figure bouleversée!

OCTAVE.

Oui... un grand malheur!.. J'ai perdu cent louis!

POTFLEURY.

Toi! allons donc! Je parie vingt francs que non!

OCTAVE, vivement.

Je les tiens!

POTFLEURY, à part.

Je suis remordu!

OCTAVE, à part.

Ça ne fera plus que quatre-vingt-dix-neuf... et heureusement j'ai le moyen de tout réparer. (Haut.) Papa, mon bon père, vous pouvez me rendre un grand service.

POTFLEURY.

Lequel?

OCTAVE.

Je suis fou de mademoiselle de Boisrosé.

POTFLEURY.

Tu veux dire Fructueux!..

* P. O.

OCTAVE.

Non!.. C'est changé, sa rue passe à gauche...

POTFLEURY.

A gauche?..

OCTAVE.

Oui; je vous parle de mademoiselle de Boisrosé, la fille de la maison... je veux l'épouser!

POTFLEURY.

Mais elle ne te connaît pas...

OCTAVE.

Ça ne fait rien!.. rompez avec M. Fructueux.

POTFLEURY.

Ah! va-t'en au diable!.. D'abord je n'ai plus que quinze minutes!

OCTAVE.

Il y va de ma vie !.. rompez!

POTFLEURY.

Mais qu'est-ce que tu veux que je lui dise, à ton Fructueux?

OCTAVE.

Il est là! allez! allez!.. (A part, en sortant.) Je vais causer avec la mère et faire danser la fille!.. Rompez!

SCÈNE XIII.

POTFLEURY, FRUCTUEUX, puis GREFFÉ.

POTFLEURY, seul.

Ah! mais il m'ennuie, mon fils!.. (Regardant sa montre.) Je n'ai plus que quatorze minutes!.. allons y rondement!

FRUCTUEUX, tourné vers le salon et applaudissant *.

Bravo! bravo!..

POTFLEURY.

Monsieur... un mot.

FRUCTUEUX.

J'applaudissais ma fille... votre bru.

POTFLEURY,

Ma bru! attendez...

FRUCTUEUX.

Monsieur, je ne vous cache pas que cette union me charme..

POTFLEURY,

Ça se trouve bien!.. attendez...

FRUCTUEUX.

Ils ont causé ensemble... il doit la mener aux bains de mer...

POTFLEURY.

Mon cher monsieur Fructueux... vous savez, dans la vie... ça arrive tous les jours... on ne s'attend pas... on se couche le matin, on se lève le soir... ça arrive encore tous les jours... Enfin, vous êtes propriétaire...

* P. F.

FRUCTUEUX, se frottant les main.

Oui... c'est demain le quinze!..

POTFLEURY.

Souvent on convient d'un bail... il n'y plus qu'à le signer...
et crac!... ça manque!

FRUCTUEUX.

Comment! que voulez-vous dire?

POTFLEURY.

Je vais m'expliquer... Octave est un bon jeune homme.

FRUCTUEUX.

Un charmant jeune homme!..

POTFLEURY.

Mais il manque de jeunesse,..

FRUCTUEUX.

Ça viendra avec l'âge...

POTFLEURY.

Peut-être... Enfin, je m'explique...

GREFFÉ, entrant et à Potfleury.

Monsieur*, j'ai pris des renseignements, ça me va!

POTFLEURY, à part.

Allons! à l'autre maintenant! (Haut.) Quoi?

GREFFÉ.

J'accepte votre fils pour gendre!

POTFLEURY, à Greffé.

Vous, d'abord, laissez-moi tranquille! je ne vous connais
pas! vous compliquez!...

GREFFÉ.

Mais vous m'avez demandé ma fille!

POTFLEURY.

Oui!..

FRUCTUEUX.

La mienne aussi!..

POTFLEURY.

Oui!..

GREFFÉ.

C'est affreux!

POTFLEURY.

Oui!

FRUCTUEUX.

C'est monstrueux!

POTFLEURY.

Ah! arrangez-vous! battez-vous!.. coupez-vous la gorge!.. on
épousera la fille du survivant!..

FRUCTUEUX, à Greffé.

Du survivant!..

* G. P. F.

ENSEMBLE.

Air :

FRUCTUEUX, GREFFÉ.
Quel sanglant outrage!
Quel tour odieux!
J'étouffe! j'enrage!
Et je fuis ces lieux!

POTFLEURY.
Ah! c'est un outrage,
Pour ces deux bons vieux :
Chacun d'eux enrage...
Mais quitte ces lieux!..

SCÈNE XIV.

POTFLEURY, puis OCTAVE, puis MADAME DE BOISROSÉ,
MIRANDA, DUTILLET, puis CADET.

POTFLEURY.

Eh bien! ça ne s'est pas trop mal passé! j'ai fait coup double!
(Tirant sa montre.) Onze heures et demie! je file!.. (Il remonte. —
Les danseurs rentrent dans le deuxième salon.)

OCTAVE, courant et l'arrêtant*.

Ah! vous voilà!.. J'ai vu madame de Boisrosé... je l'ai
étourdie!.. elle consent presque... Vous allez faire la demande?

POTFLEURY.

Encore!.. Ah! mais... je ne fais que ça! commande une ma-
chine!.. Et puis, tu dis qu'elle s'appelle Boisrosé?... C'est bien
ça!.. Miranda Boisrosé...

OCTAVE.

Oui, Miranda... Quel joli nom!

POTFLEURY, à part.

L'ex-future de Jules, de mon quatorzième!.. (Haut.) Non! je
ne peux pas!.. Adieu**!

OCTAVE.

Oh! je m'attache à vous!.. je ne vous laisse pas partir!

POTFLEURY.

Je n'ai pas le temps!

OCTAVE.

Deux minutes?

POTFLEURY.

Impossible! on ouvre les huîtres...

OCTAVE.

Voici ces dames!.. Allez! (Entrée de Dutillet, de Miranda et de madame de Boisrosé***.)

* O. P.
** P. O.
*** O. P. mad. B. M. D.

POTFLEURY, allant à madame de Boisrosé, et très-vite.

Madame, en ma qualité de père, j'ai l'honneur de vous demander la main de votre fille pour mon fils Octave. (Tirant sa montre.) Onze heures trente-cinq! je vous salue! (Il sort à gauche et bouscule Cadet qui entre le paletot sur le bras.)

MADAME DE BOISROSÉ.

Qu'est-ce que c'est que ça?..

CADET, offrant le paletot à son maître. Ce paletot est couvert de taches fabuleuses.

Voilà votre paletot, Monsieur.

CHŒUR.

Air :

Ah ! le singulier père!
Quel langage étonnant!
C'est un coup de tonnerre,
Dans le bal éclatant!
Peut-on, je le demande,
Quand on a du bon sens,
Pour faire une demande,
Prendre aussi peu de temps ?
Ah! le singulier père, etc.

OCTAVE.

Quel étourdi de père ! etc.

ACTE TROISIÈME.

A Paris, chez Octave.

Un salon richement décoré, que des tapissiers achèvent de garnir d'un élégant mobilier; porte au fond, portes latérales.

SCÈNE PREMIÈRE.

CADET, TAPISSIERS, puis POTFLEURY.

(Au lever du rideau, les tapissiers posent des portières aux portes, et Cadet, revêtu d'une magnifique livrée dorée, s'admire dans une glace.)

ENSEMBLE.

Air : *Allons, partons sans tarder davantage*.

Salon doré, boudoir bleu, chambre rose,
Meubles de Boule et tableaux de Diaz;

On paira bon cette métamorphose !
Mais un futur ça ne marchande pas !

CADET.

C'est-à-dire que je ne me reconnais plus !.. Ils m'ont mis de
l'or jusque dans le dos... ça me gêne pour m'asseoir... vrai !
il y en a trop ! On voit bien que M. Octave est absent... c'est
le père qui s'est chargé de faire dorer les domestiques et meubler l'appartement des futurs époux... Il va bien, le père ! il a
fourré du velours et de la soie par toute la maison ! Et le vin !..
nous buvons du vin maintenant : il paraît qu'il n'est plus malade ! (Riant.) C'est l'eau filtrée qui est indisposée !..

POTFLEURY, entrant et s'adressant aux tapissiers.

Eh bien ! avançons-nous, mes enfants ?

UN TAPISSIER.

Tout est terminé, et voici la note !..

POTFLEURY, la prenant.

C'est bien ! on passera.

ENSEMBLE. — REPRISE.
(Les tapissiers sortent, Cadet sort avec eux.)

SCÈNE II.

POTFLEURY, CADET.

POTFLEURY, mettant la note dans sa poche.

Je vais la serrer avec les autres... Je ne veux seulement pas la
regarder... ça m'arrêterait dans mon essor !.. D'ailleurs, c'est
l'affaire d'Octave... Va-t-il être étonné à son retour !.. Je m'attends à des cris de blaireau écorché !.. L'ingrat ! je l'ai pourtant fait mettre dans un cadre tout neuf ! (Montrant le portrait.)
Le voilà ! il n'a pas l'air gai... on dirait qu'il paye la note de
son cadre !.. Franchement, quand on épouse une demoiselle de
Boisrosé... cinq cent mille francs de dot... et des espérances !
on ne peut pas se meubler comme un marchand de friture !
Heureusement que j'étais là.. et j'ai pris sur moi... Ah ! j'ai cru
longtemps que le mariage ne se ferait pas; la maman a voulu
causer !.. ils ont causé pendant trois jours !.. Mais Octave a fini
par l'entortiller... il est entortilleur quand il veut ! Ah çà ! où
diable est-il ? que fait-il ? Quelle singulière idée ! partir juste
huit jours avant son mariage, et sans dire où il allait ! (A Cadet
qui rentre.) Il n'y a pas de lettre aujourd'hui ? (Il s'assied à gauche*.)

CADET, indiquant la table de gauche.

Ah ! si, Monsieur, il y en a deux !

POTFLEURY, regardant les enveloppes.

Celle-ci est pour Octave... timbrée de Romorantin... (Il la
pose sur la table.) Et l'autre ?.. Elle n'est pas affranchie... c'est
de mon fils !.. (Se levant et l'ouvrant.) Juste* ! (Il lit.) « Mon cher
pa... »

* P. C.

CADET.

Mon cher pa?...

POTFLEURY, parlé.

Il a voulu mettre papa... il a économisé une syllabe... Ce que c'est que l'habitude !.. (Lisant.) « Je vous ai quitté un peu brus-quement, mais je voulais visiter par moi-même les propriétés de ma future... les estimer, et vérifier l'état des bâtiments... » (Parlé.) En voilà un amoureux. (Lisant.) « La ferme de la Brossi-nière est bâtie en briques, les fondations sont en meulière, la charpente en cœur de châtaignier, et la couverture en tuiles de Bourgogne... » (Parlé.) Eh bien! qu'est-ce que ça me fait?.. c'est une lettre de maître maçon, ça !.. (Lisant.) « Les terres sont marnées, argileuses et très-propres au froment. » (Parlé.) Ah! il m'ennuie !.. (Il tourne la page.) « Il y a cinq vaches mala-des, mais ça m'est égal, elles sont au fermier... En somme, je suis content de mon voyage ; je serai de retour aujourd'hui pour dîner... dites à Cadet de me faire deux œufs à la coque et une omelette. »

CADET, remontant.

Très-bien !

POTFLEURY.

Attends! il y a un *post-scriptum.* (Lisant.) « Décidément, vous direz à Cadet de ne rien faire pour moi; je mangerai ce qu'il y aura. »

CADET.

Il n'y a rien.

POTFLEURY.

Tu le lui garderas pour demain... aujourd'hui, je lui mé-nage une surprise... je veux qu'il nous donne un dîner splen-dide pour fêter son retour... je me charge du menu! J'ai invité madame et mademoiselle de Boisrosé... je vais inviter aussi Champein notre quatorzième. (Il entre à gauche.)

SCÈNE III.

CADET, seul.

Champein?.. Ah! oui, ce monsieur qui a soupé avec nous... un aimable jeune homme! pas fier ! il m'a tutoyé tout de suite. (On sonne, Cadet se dispose à aller ouvrir.)

OCTAVE, à la cantonade.

Ouvrez donc !

CADET, effrayé.

Sapristi ! c'est Monsieur !... j'aime mieux que ce soit son père qui le reçoive. (Il se sauve à gauche.)

SCÈNE IV.

OCTAVE entre en costume de voyage, et très-préoccupé; Il écrit sur
son carnet.

Réparations à faire à la bergerie... mettre ces réparations au
compte du fermier... et l'augmenter ! (Il s'asseoit et examine son fau-
teuil qui est doré.) Qu'est-ce que c'est que ça ! (Il regarde autour de
lui. — Se levant vivement.) Oh ! sapredié, je me suis trompé d'é-
tage... je ne suis pas chez moi !... (Il sort.) Pardon, c'est une
erreur !

SCÈNE V.

CADET, POTFLEURY *.

CADET, reparaissant.

Comment ! il s'en va !

POTFLEURY, entrant à la suite de Cadet.

Eh bien ! où est-il ? Tu me disais qu'Octave était revenu.

CADET.

Oui, mais il est reparti !

POTFLEURY.

Reparti ! (On entend très-vigoureusement sonner à l'extérieur.)

CADET.

Le revoici. Je me resauve ! (Il disparaît à droite.)

POTFLEURY, seul.

A en juger par son coup de sonnette, nous allons avoir de
l'orage !

SCÈNE VI.

POTFLEURY, OCTAVE, puis CADET.

OCTAVE, entrant et hors de lui.

Non !.. j'étais chez moi !... mais c'est impossible !.. je rêve !..
(Apercevant Potfleury.) Ah ! mon père **!.. parlez ! qu'est-ce que cela
signifie ?

POTFLEURY, à part.

Il en fera une maladie. (Haut.) Ça va bien ? Tu as fait un bon
voyage ?

OCTAVE.

Il ne s'agit pas de moi ! mais ces meubles... ces bronzes...
ces soieries...

POTFLEURY.

C'est une surprise !

* P. C. le N.
** O. P.

OCTAVE.

Une surprise!

POTFLEURY.

Oui... madame de Boisrosé... ta belle-mère... a pensé que dans ta position...

OCTAVE.

Madame de Boisrosé? (A part.) Ah! c'est elle! Un cadeau de ma belle-mère! (S'épanouissant.) C'est bien différent! (Haut.) C'est très-gentil ici! très-gentil!

POTFLEURY, à part.

Tiens, il prend bien la chose! (Haut.) Ainsi, tu m'approuves? c'est moi qui ai ordonné tout ça.

OCTAVE.

C'est très-bien!... très-convenable!.. vous n'avez pas fait de folies... mais c'est convenable!

POTFLEURY, à part.

Qu'est-ce qu'il dit donc? (Haut, lui montrant le portrait.) Tu vois... j'ai pensé à toi... je t'ai fait encadrer.

OCTAVE.

Tiens! c'est vrai!

POTFLEURY.

C'est bien mieux, n'est-ce pas?

OCTAVE *.

Oui, mais je trouve la bordure un peu simple... ça manque d'or!

POTFLEURY, à part.

Ah çà! on me l'a changé en route!... Je crois que le moment est bon pour lui remettre les notes.

CADET, entrant **.

Monsieur... madame et mademoiselle de Boisrosé viennent d'arriver.

OCTAVE.

Faites entrer cette chère belle-mère.

POTFLEURY.

Je vais les recevoir. (Il sort.)

OCTAVE, apercevant la livrée de Cadet ***.

Tiens! toi aussi! tu es superbe! tu as l'air d'un lingot!

CADET, tremblant.

Ce n'est pas ma faute, Monsieur. (Montrant son habit.) On me l'a mis de force!

OCTAVE.

Ça fait très-bien! il y a là au moins pour quatre cents francs d'or!

CADET.

Ainsi... Monsieur n'est pas fâché?

* P. O.
** P. C. O.
*** C. O.

OCTAVE.

Du tout! (Examinant les galons de l'habit.) C'est de l'or fin * !

CADET.

C'est joliment bien établi ! et la doublure !.. j'en ai pour la vie !

OCTAVE.

Comment! tu en as... Dis donc, tu sais qu'en quittant la maison... on laisse la livrée ! (Cadet sort. — A part.) Dame! on aurait besoin d'argent... on ferait fondre Cadet ! on le porterait à la Monnaie.

SCÈNE VII.

OCTAVE, POTFLEURY, MADAME DE BOISROSÉ, MIRANDA.
(Les deux dames entrent, introduites par Potfleury**.)

OCTAVE, allant au-devant d'elle.

Arrivez donc, chère belle-mère, que je vous remercie !

MADAME DE BOIROSÉ.

Mon gendre, nous venons de recevoir votre invitation.

OCTAVE.

Hein? (Bas à Potfleury.) De quelle invitation parle-t-elle?

POTFLEURY.

Une invitation à dîner ! ne t'en mêle pas! c'est commandé !

OCTAVE, inquiet, à part.

C'est commandé !

MIRANDA, à Octave.

Enfin, Monsieur, nous direz-vous d'où vous venez ***... après une absence de huit jours?

OCTAVE.

Je viens... je viens de Lyon.

MADAME DE BOISROSÉ.

De Lyon !

OCTAVE.

J'y suis allé tout exprès pour choisir des soieries pour la corbeille.

MADAME DE BOISROSÉ.

Ah! voilà un mari modèle !

POTFLEURY, à part.

Quel toupet!

OCTAVE.

Mais comme je n'ai rien trouvé de bien... alors je n'ai rien acheté.

POTFLEURY, à part.

Très-fort! très-fort!

* O. C.
** P. O. mad. B. M.
*** P. O. M. mad. B.

MADAME DE BOISROSÉ, examinant le meuble.

En vérité, c'est charmant ici ; c'est d'une élégance, d'une richesse...

OCTAVE.

Pas mal !.. pas mal !.. (Il remonte.)

POTFLEURY, à part.

Mais qu'est-ce qu'il a ?.. (Il remonte.)

MADAME DE BOISROSÉ, redescendant *.

Le goût le plus pur a présidé au choix de cet ameublement.

OCTAVE, à part.

Elle ne se donne pas de coups de patte, la maman !

POTFLEURY.

Tel que cela est, cela coûtera bon !..

MADAME DE BOISROSÉ.

Ne parlons pas de ça.

OCTAVE.

Non, ne parlons pas de ça ; pourquoi parlez-vous de ça ?

POTFLEURY, à part.

Décidément je vais lui remettre les notes ! (Il tire des liasses de toutes ses poches.)

MIRANDA.

On sera très-bien ici pour faire de la musique... on n'entend pas les voitures...

MADAME DE BOISROSÉ.

Mais je ne vois pas le piano.

MIRANDA.

Est-ce qu'il n'y en a pas ?

POTFLEURY.

Par exemple ! un d'Érard...

OCTAVE.

A la bonne heure !

POTFLEURY.

Ça coûte trois mille francs !

MADAME DE BOISROSÉ.

Ne parlez donc pas de ça !

OCTAVE.

Ne parlez donc pas de ça ! Est-il intéressé, papa !

POTFLEURY, à Miranda.

Il est là !.. dans le petit salon... Si vous voulez me permettre de vous y conduire **? (Remettant les mémoires à Octave.) Tiens, examine ça !

OCTAVE.

Qu'est-ce que c'est ?

POTFLEURY.

Ce sont les notes ! (Offrant la main à Miranda. Il entre à droite avec Miranda.)

* M. O. P. mad. B.
** Mad. B. O.; P. et M. deuxième plan.

SCÈNE VIII.

OCTAVE, MADAME DE BOISROSÉ *.

OCTAVE, à part.

Les notes! pourquoi faire? Ah! sans doute pour les vérifier? (Les parcourant.) Oh! oh! c'est un peu salé! Enfin! (Il les
donne à madame de Boisrosé, qui est assise à gauche.) Chère belle-
mère... voilà.

MADAME DE BOISROSÉ.

Hein!.. qu'est-ce que c'est que ça?

OCTAVE.

Les notes!

MADAME DE BOISROSÉ.

Ah!.. sans doute pour les vérifier... Voyons... (Additionnant.)
Huit et quatre font douze et sept dix-neuf... et huit vingt-sept...
et quatorze quarante et un...· Quarante et un mille francs!..
(Se levant.) C'est parfaitement juste!.. le compte y est! (Les lui remettant.) Voilà!..

OCTAVE, à part, très-étonné.

Comment, voilà**! Ah çà! est-ce qu'elle voudrait me les faire
payer? (Haut.) Pardon, belle-mère...

MADAME DE BOISROSÉ, tirant tout à coup son mouchoir, et sanglotant.

Ah! mon gendre! nous sommes seuls... laissez-moi pleurer.

OCTAVE.

C'est que je voulais vous demander...

MADAME DE BOISROSÉ.

Dans huit jours je n'aurai plus de fille! je n'aurai plus
d'enfant***!

OCTAVE.

Oui, mais les notes?..

MADAME DE BOISROSÉ.

Seule!.. toujours seule!.. Voyez-vous, Octave, je suis d'une
nature expansive, moi!.. il me faut une société.

OCTAVE.

Vous viendrez habiter avec nous... Quant à la dépense... nous
nous arrangerons... (A part.) Elle payera tout.

MADAME DE BOISROSÉ.

Non! je vous gênerais! (Baissant les yeux.) Tenez, Octave, cette
nuit, j'ai fait un rêve singulier... Vous allez me trouver bien
enfant de vous raconter cela!

OCTAVE.

Non... mais les...

MADAME DE BOISROSÉ.

J'étais au bal... j'avais une robe rose!.. le rose me va très-
bien, on me l'a dit souvent.

* Mad. B. O.
** O. mad. B.
*** Mad B. O

OCTAVE.

Oui, mais...

MADAME DE BOISROSÉ.

Près de moi se tenait un homme... jeune encore, très-grand... et membre de plusieurs sociétés savantes... qui ne me quittait pas des yeux... Je rougissais... j'étais toute confuse!..

OCTAVE, à part.

Hein !.. Est-ce qu'elle aurait encore des idées ?

MADAME DE BOISROSÉ.

Tout à coup, il me prend la taille...

OCTAVE.

Sapristi!

MADAME DE BOISROSÉ.

Nous valsions!

OCTAVE.

Ah!

MADAME DE BOISROSÉ.

Et tout en valsant, il me serrait... il me disait que j'étais belle, que j'étais majestueuse... il me disait même des choses... que je n'ose pas répéter...

OCTAVE.

Oh! mais, belle-mère...

MADAME DE BOISROSÉ.

Et quand l'orchestre s'arrêta... (Très-émue.) quand l'orchestre s'arrêta...

OCTAVE.

Eh bien?

MADAME DE BOISROSÉ.

Nous montions en fiacre pour la mairie...

OCTAVE.

Fichtre !

MADAME DE BOISROSÉ.

Ce n'est qu'un rêve! Certainement, je ne songe pas à me remarier... mais enfin... si cela arrivait!..

OCTAVE.

Permettez! permettez*!

MADAME DE BOISROSÉ, avec véhémence.

Ah! voyez-vous. Octave... je ne pourrai jamais vivre seule !.. jamais! jamais !.. (Elle rentre pour rejoindre sa fille.)

SCÈNE IX.

OCTAVE, puis POTFLEURY.

OCTAVE.

Se remarier!.. et mes espérances !... C'est qu'elle a quatre fermes, cette femme... toutes marnées! Elle est capable d'é-

_____
* O. Mad. B.

pouser un jeune homme... membre de plusieurs sociétés savantes... qui lui croquera parfaitement ses immeubles. Et les enfants!.. Dame! on ne sait pas; le rose lui va encore très-bien... elle l'a dit... Sapristi!.. que faire?.. Si j'avais là, sous la main, un homme mûr, un homme fini... insensible au rose...

POTFLEURY, paraissant à la porte.

· Eh bien! tu ne viens pas*?..

OCTAVE, illuminé.

Oh! j'ai mon affaire!.. Papa!.. mon bon père... (Allant vivement à lui.) Écoutez... vous êtes vieux, vous êtes las, vous avez la goutte, il faut faire une fin... c'est très-pressé.

POTFLEURY, étourdi.

Quoi? il faut faire... quoi?

OCTAVE.

Il faut vous marier.

POTFLEURY.

Moi! jamais!

OCTAVE.

Une femme charmante, libre, grasse et riche, qui vous aime!

POTFLEURY.

Ah bah! qui ça?

OCTAVE.

Madame de Boisrosé!

POTFLEURY.

La maman!

OCTAVE.

Votre gaieté lui plaît... elle me parlait de vous à l'instant... elle a fait un rêve... brûlant!.. dont vous êtes le héros!.. Vous consentez? Je vais faire la demande**.

POTFLEURY, courant après lui.

Ah! mais! un instant! tu parles!.. tu m'étourdis!..

OCTAVE.

Quatre fermes! quatre fermes... marnées!

POTFLEURY.

· Oui, mais avec les fermes... il y a une femme, et je ne suis pas amoureux, sacrebleu!

OCTAVE.

Vous le deviendrez! il le faut! vous aurez là une compagne, douce, expansive... qui vous dorlotera... qui recopiera vos cahiers de chansons!

POTFLEURY.

Tu crois?

OCTAVE.

Et puis, elle est encore très-bien, cette femme-là!.. Il faut la voir en rose!

* O. P.
** P. O.

POTFLEURY.

Eh! eh! c'est vrai... qu'elle a de l'œil! en rose... Et puis...

OCTAVE.

Et des bras! quels bras!

POTFLEURY.

Oui, je les ai remarqués l'autre jour à son bal... tu as raison,
le rose lui va... elle est superbe en rose... Saperlotte! ce serait
drôle de faire les deux noces ensemble.

OCTAVE.

Il n'y aurait qu'un repas!

POTFLEURY, riant.

Ah! gueusard! tu me maries par économie!..

OCTAVE, apercevant madame de Boisrosé.

Voilà votre fiancée, papa, soyez brûlant, songez aux quatre
fermes...

SCÈNE X.

POTFLEURY, OCTAVE, MADAME DE BOISROSÉ*.

MADAME DE BOISROSÉ.

Je vous dérange, Messieurs?

OCTAVE.

Du tout, belle maman, nous parlions de vous, mon père,
mon pauvre père et moi.

MADAME DE BOISROSÉ, se retournant.

Vraiment?

POTFLEURY, à part.

Elle est encore très-appétissante.

OCTAVE, bas à Potfleury.

Eh bien! soupirez!

POTFLEURY.

Avec plaisir! (Il soupire.) Hen!

MADAME DE BOISROSÉ, se retournant.

Et que disiez-vous?

OCTAVE.

Mon père, mon pauvre père me racontait un rêve qu'il a fait
cette nuit...

MADAME DE BOISROSÉ.

Ah! vous aussi, Monsieur?

OCTAVE.

On était au bal... Près d'une corbeille de fleurs... se trou-
vait une dame... en rose...

MADAME DE BOISROSÉ, à part.

Ah! mon Dieu!

OCTAVE.

En rose... (Bas à Potfleury.) Resoupirez!

* P. O, mad. B.

POTFLEURY.

Avec plaisir ! (Soupirant.) Heu !

OCTAVE.

Cette dame était veuve, mais resplendissante de beauté...

POTFLEURY.

Oh ! oui !

MADAME DE BOISROSÈ.

Monsieur !

OCTAVE.

Mon père... mon pauvre père, membre de plusieurs sociétés...

MADAME DE BOISROSÉ.

Savantes ?

POTFLEURY.

Chantantes !

OCTAVE.

S'approcha d'elle en tremblant... (Prenant la main de madame de
Boisrosé.) Il mit sa main dans sa main.

MADAME DE BOISROSÉ, à part, troublée.

Je ne sais ce que j'éprouve...

OCTAVE.

Il lui dit avec un enthousiasme presque lyrique : Madame,
que vous êtes belle ! que vous êtes majestueuse ! que vous êtes
splendide ! que vous êtes...

POTFLEURY, bas à Octave.

En voilà assez !.. fais la demande !

OCTAVE, bas.

Moi ?

POTFLEURY, de même.

Tiens, chacun son tour, j'en ai fait assez pour toi.

OCTAVE, à madame de Boisrosé.

Enfin il osa lui dire : (Se jetant à ses genoux.) Émilie... je vous
aime !

MADAME DE BOISROSÉ.

Mon gendre !

POTFLEURY, relevant Octave.

Mais relève-toi donc ! c'est à moi !

OCTAVE.

C'est juste !

POTFLEURY, prenant la place d'Octave aux genoux de madame de Boisrosé *.

Émilie, je vous aime ! Vous êtes veuve, je suis veuf, unissons
nos deux solitudes.

MADAME DE BOISROSÉ, très-troublée.

Relevez-vous, monsieur Potfleury. Si on vous surprenait !..
un pareil enfantillage !

POTFLEURY.

Non... c'est l'amour, l'amour le plus pur !

_____

* O. P. mad. B.

MADAME DE BOISROSÉ, se dégageant et remontant.

Laissez-moi! je ne veux pas... je ne dois pas vous entendre.

POTFLEURY.

Un mot?

MADAME DE BOISROSÉ.

Plus tard! demain! (A part.) Dieu! que je suis émue! (Elle entre à gauche.)

OCTAVE, à son père.

Ne la quittez pas!

POTFLEURY.

Sois tranquille. Je suis piqué au vif; elle me va, cette femme, elle me va tout à fait *!.. nom d'un petit bonhomme! (Il entre vivement à gauche.)

SCÈNE XI.

OCTAVE, seul.

Ah! ah!.. je suis content! j'ai marié papa! (Apercevant la lettre qui est sur la table à gauche.) Tiens, une lettre pour moi!.. (Regardant la suscription avec satisfaction.) Ah!.. affranchie... De Romorantin!.. (Lisant la lettre.) « Monsieur, les terres sur lesquelles vous me demandez des renseignements valent en effet quatre cent mille francs. Elles ont été léguées à madame de Boisrosé par testament; mais ce testament, vicieux dans la forme, est attaqué par des héritiers collatéraux. L'affaire est douteuse... Elle se plaide demain. » (Parlé.) C'est aujourd'hui! (Lisant.) « Je vous enverrai une dépêche électrique dès que le résultat du procès sera connu... » (Se promenant avec agitation.) Diable! diable! diable! mais si elle allait le perdre, son procès... elle serait ruinée!.. Et moi qui ai lancé mon père!..

SCÈNE XII.

OCTAVE, POTFLEURY.

POTFLEURY, entrant radieux.

Victoire! j'ai enlevé ça à la baïonnette!

OCTAVE.

Quoi!

POTFLEURY.

La veuve! Elle a dit: Oui! Elle m'a donné sa main à baiser... et je l'ai embrassée jusqu'au coude!.. Tu avais raison! Elle a des bras olympiens!..

OCTAVE.

Heu! heu!

* P. O.

POTFLEURY.

Olympiens !.. je maintiens le mot! Le diable m'emporte, je crois que me voilà amoureux !

OCTAVE.

Allons, bien! calmez-vous! voyons, calmez-vous! c'est changé !

POTFLEURY.

Qu'est-ce qui est changé? — Sa rue passe à gauche?

OCTAVE.

Un procès... un testament vicieux... qui peut être cassé.

POTFLEURY.

Cassé !.. Eh bien ?

OCTAVE.

Il ne faut pas brusquer la chose... temporisez.... temporisez !...

POTFLEURY.

Ah çà! est-ce que tu te moques de moi? tu m'allumes!.. tu m'éteins... je ne suis pas un quinquet.

OCTAVE.

Mais si la veuve est ruinée.

POTFLEURY.

Eh bien! après? Je ne l'épouse pas pour son argent! mais pour ses bras, pour ses yeux, pour tout ce qu'elle a de bien* !

OCTAVE.

Dieu! que vous êtes romanesque! mais je vous empêcherai bien de faire une folie. (Il va au bureau et écrit.)

POTFLEURY.

Qu'est-ce que tu griffonnes là?

OCTAVE.

Trois lignes... je vais envoyer Cadet au bureau du télégraphe.

SCÈNE XIII.

LES MÊMES, CHAMPEIN, introduit par CADET**.

CADET, annonçant.

Monsieur Champein!..

OCTAVE.

Champein !

POTFLEURY, allant au-devant de Champein.

Eh! bonjour, cher ami, vous avez reçu mon invitation?

CHAMPEIN.

A l'instant... et je l'accepte avec plaisir !..

OCTAVE.

C'est lui !..

* O. P.
** O. P. C.

CHAMPEIN, appercevant le portrait.

Ah! par exemple!..

OCTAVE, à part.

Oye! Oye ! (Il retourne vivement sa chaise de façon à tourner complètement le dos.)

CHAMPEIN.

Voilà qui est bizarre!

POTFLEURY.

Qu'avez-vous donc, cher ami?

CHAMPEIN.

Par quel singulier hasard avez-vous chez vous cette atroce figure?

OCTAVE, à part.

Oye! oye! oye!..

POTFLEURY.

Ce portrait?.. eh bien! mais c'est celui de...

CHAMPEIN.

De Grinchard, parbleu! mon usurier!

POTFLEURY.

De Grinchard, dites-vous?.. Grinchard quinze pour cent?

CHAMPEIN, montrant le portrait.

Parfaitement!

OCTAVE.

Si je pouvais filer!

POTFLEURY, très-ému.

Ah! je comprends pourquoi Dutillet ne me l'a jamais fait voir!.. Je ne connaissais que son papier... j'en ai encore dans ma poche!

OCTAVE, se levant, et à part, avec la plus grande surprise.

Hein! papa aussi!.. Je travaillais avec papa!!!

CHAMPEIN, apercevant Octave.

Eh! c'est lui!..

POTFLEURY, à Octave *.

Petit rogneur d'écus!.. petit gratteur de liards!

OCTAVE.

Mon père, mon bon père, je vais vous conter la chose... J'ai pu quelquefois... pour obliger... prêter à six, six et demi...

POTFLEURY.

Va donc toujours!

OCTAVE.

A sept... huit au plus!.. mais à quinze pour cent!.. ah! fi!.. C'est Dutillet!.. c'est cette canaille de Dutillet!.. Je lui confie mes fonds... naïvement... et voilà l'usage qu'il en fait! Ah! cet homme a bien abusé de ma confiance!

CHAMPEIN, à Octave.

J'en suis persuadé, Monsieur... n'en parlons plus! (Il remonte.)

* P. O. C.

OCTAVE.

N'en parlons jamais!.. -

POTFLEURY, à Champein *.

Restez, mon ami, j'ai besoin de vous!.. (Indigné, bas à Octave:) Gredin, scélérat, vampire!.. je te donne cinq minutes pour rompre avec mademoiselle Boisrosé!.. je la marie à un autre.

OCTAVE.

Jamais! Pourquoi?

POTFLEURY.

Tu es mon fils... ça me suffit... je n'ai pas envie que tu deviennes mon gendre!

OCTAVE.

Vous n'y songez pas... c'est impossible!

POTFLEURY, tirant sa montre.

Il est quatre heures cinq... à quatre heures dix... j'éclate!.. je raconte l'histoire de Grinchard, avec les nom et prénoms!

OCTAVE.

Saperlotte !

POTFLEURY.

Voici ces dames... sois ingénieux !

SCÈNE XIV.

LES MÊMES, MADAME DE BOISROSÉ, MIRANDA**.

MADAME DE BOISROSÉ, entrant, suivie de Miranda.

Grande nouvelle ! une dépêche télégraphique de Romorantin m'annonce que mon procès est gagné !

OCTAVE.

Gagné! bravo***! C'est quatre cent mille francs de... Ah! voilà un bonheur!

POTFLEURY, froidement, regardant sa montre.

Quatre heures sept!

MADAME DE BOISROSÉ.

Eh bien! qu'est-ce que ça nous fait?

POTFLEURY.

Ah! c'est que j'ai une affaire à quatre heures dix... Mon fils sait pourquoi...

CHAMPEIN, descendant.

Son fils ****!

MIRANDA.

M. Jules!

OCTAVE, bas.

Oui... mais elle a gagné !

* C. P. O.
** M. mad. B. P. O.; C. près de la cheminée.
*** M. mad. B. O. P.
**** C. M. mad. B. O. P.

POTFLEURY, bas.

Sois d'autant plus ingénieux!

OCTAVE.

Madame...

MADAME DE BOISROSÉ.

Mon ami?

OCTAVE.

Dieu! que j'ai chaud!

POTFLEURY.

Quatre heures huit!

MADAME DE BOISROSÉ.

Qu'est-ce qu'il a donc toujours à nous dire l'heure?

OCTAVE, bas.

Mon bon père!

POTFLEURY.

Quatre heures neuf!

OCTAVE.

Madame... dans ce moment solennel, j'ai un aveu désagréable à vous faire.... vous me croyez un jeune homme sobre, économe, rangé...

MADAME DE BOISROSÉ.

Sans doute...

OCTAVE, hésitant.

Eh bien! (A Potfleury, suppliant.) Mon bon père!..

POTFLEURY.

Quatre heures dix!

OCTAVE, vivement.

Eh bien! je vous ai trompée!

TOUS.

Hein?

OCTAVE.

Je suis un prodigue! un panier percé!

TOUS.

Ah bah!

OCTAVE.

Je fréquente les cabarets, je suis membre du Caveau, j'emprunte à quinze pour cent, et je me déguise en polichinelle.

TOUS, indignés.

Oh!

OCTAVE.

Voilà mon caractère!

POTFLEURY, à part.

Il s'embellit! (Il remonte, Champein se rapproche de lui.)

MADAME DE BOISROSÉ.

Ah! c'est très-bien ce que vous avez fait là... Vous n'aurez pas ma fille... mais c'est très-bien!

MIRANDA.

Bon! me voilà sans mari!

POTFLEURY, lui présentant Champein *.

Je vous en ai trouvé un.

MADAME DE BOISROSÉ.

Monsieur Champein !..

POTFLEURY, à Champein.

Mon ami, nous vous attendrons demain à midi !

MADAME DE BOISROSÉ.

Nous causerons.

MIRANDA, effrayée.

Encore?

POTFLEURY.

Je fixerai le jour du contrat... en ma qualité de beau-père...
car j'épouse toujours, moi **!

OCTAVE, le prenant à part.

Dites donc, papa... c'est une jolie affaire que je vous ai
trouvée là !

POTFLEURY.

Tu vas me demander une commission?

OCTAVE.

Oh ! non ! mais enfin tôt ou tard... il m'en reviendra bien
quelque chose...

POTFLEURY.

A toi?

OCTAVE.

Dame ! il est probable que vous n'aurez pas d'autre héritier...

POTFLEURY.

Moi ! je suis tellement révolté... que je compte m'en accorder
une demi-douzaine !

OCTAVE, à part.

Allons donc !... papa exagère... il n'est pas si révolté que ça.

CHOEUR.

Air :

Le bonheur, à tout âge,
Est dans le mariage
Nous aurons, quand viendra le grand jour,
Réunis, la fortune et l'amour.

Vous aurez, etc.

* M. C. P. mad. B. O.
** C. M. mad. B, P. O.

FIN.

LAGNY. — Typographie de VIALAT.

188

www.ingramcontent.com/pod-product-compliance
Lightning Source LLC
LaVergne TN
LVHW022014080426
835513LV00009B/720